JN074300

自分の強みをお金に変える
ＡＭＭサーチシート

あなたの
強みを
高く売る

著 神田昌典・衣田順一

≡ SB Creative

神田昌典

あなたが商品
――コピーライティング技術で、高く売れるキャリアを作る！

■ AMM＝Ability Market Matchingとは？

　本書は、あなたをマーケティングするための本です。

　通常、マーケティングと言えば、商品やサービスを売る仕組みをイメージするでしょうが、本書で扱う商品は、「あなた」です。あなたから最大価値を引き出し、売る方法をご紹介します。

　これから解説するノウハウ、アビリティ・マーケット・マッチング（AMM）を使えば、どんな未来が訪れようと、あなたの内にある価値を発見し、お金に変えられるようになります。そして、**人生100年時代、「自らの力で稼ぐことができる」という自信を持てるように**なります。

　本書をお読みいただきたいのは、「自分を売り込むのは、もう疲れた」という真面目なベテラン社員、あるいは「自分が夢中になって取り組める仕事って何だろう？」と考えても、パッと答えが浮かばない若手社員、そして「人生100年時代に、ずっと自分らしく働きたい、やりがいある仕事に出会いたい」と願うすべての人です。

　もちろん起業家やフリーランスといった、既に独立されている方

も、自らの価値を最大化することで、今まで築いてきた事業や顧客を核に、さらなる成長を図り、収入を上げるきっかけになることでしょう。

　本書のアプローチは、キャリアを設計する際に役に立つ方法論ですが、著者の神田と衣田はキャリアコンサルタントではありません。私たちはマーケティングコンサルタントであり、あらゆる商品の「売れる強み」を見出し、顧客を集めるための仕組み作りを支援してきました。その際に、大きな成果を生むためのカギとなるのが、セールスコピーライティングです。

　このマーケティングとコピーライティングを統合した技術は、著者の長年の経験と研究の結果、実は、商品だけではなく、人材をプロデュースする際にも同様に、再現性ある効果を生むことがわかりました。自分自身の「強み」（Ability）と、その強みを高評価する市場（Market）を同時に明確化することにより、最高値で売れる組み合わせ（Matching）ができるようになるからです。これが本書でご紹介する画期的なキャリアデザイン法、AMM＝アビリティ・マーケット・マッチングです。

■ 自分の強みを発見し、お金に変える
　 新しいキャリアデザイン法

「なるほど、これはキャリアデザインの本ですね」と思われるかもしれませんが、少し違います。まず、一般的にキャリアデザインでは、主に過去の経験やスキルをもとに、自分が将来なりたい姿を設計します。それに対して、本書でご紹介するAMMは、過去、現在、未来を俯瞰しながら、「自分の中に眠っている新しい可能性」を探るプロ

セスです。

　例えば、営業職として活躍してきた人がいるとしましょう。これまでのキャリアデザインでは、その人が持つ営業スキルや経験をもとに、将来の営業職を軸とした1つ上のキャリアを設計します。これは、ロジカルかつ直線的なアプローチと言えるかもしれません。

　一方、AMMでは、その人の持つ能力や経験を、過去だけでなく、現在、未来をも相互に行き来しながら、「俯瞰的に深掘りする」ことで、その人の中に眠っている新たな強みを探っていきます。その意味では、一般的なキャリアデザインとは異なり、曲線的かつ創造的なアプローチと言えるでしょう。

　そのため、例えば営業職の人が、AMMを活用することで、久しく忘れていた過去——学生時代に映画研究会に参加していたことを思い出し、それをきっかけに自分の新たな価値を再発見するかもしれません。その結果、営業職にとどまらず、映像制作の経験を活かし、当初、想像すらしていなかったマーケティングやブランディング分野でも活躍できる可能性が浮かび上がってくるのです。

　また、従来型のキャリアデザインにおいては、自己分析ツールを通して、その人自身の強みや適職を導き出せるかもしれません。ただ、最終的に、その強みや適職で実際にお金を稼げなければ、それは「絵に描いた餅」で終わってしまいます。

　強みを実際にお金に変えるためには、「あなた自身が認識している自分の価値と、それを求めている人をマッチングする」必要があります。その点、AMMは元々、商品やサービスの「売れる強み」を見出

し、顧客を集めるセールスコピーライティングの技術から生まれたものであり、**自分自身の「強み」（Ability）と、その強みを高評価する市場（Market）を同時に明確化することにより、最高値で売れる組み合わせ（Matching）ができるようにする方法論**です。つまり、AMM は単なる強みを発見する技術ではなく、**「強みをお金に変える技術」**であり、その点が AMM の最大の特徴で、従来のキャリアデザインと根本的に異なるところです。

　ほんの一部ではありますが、本書を読むことであなたが得られるベネフィットを列記しますと……、

・自分の中に眠っている才能や強みを発見することができる
・自分の強みや才能を必要とする人々に出会えるようになる
・自分の強みや才能をお金に変えることができるようになる

　さらに……、

・チームメンバーの能力や才能を引き出すコーチング技術が向上する
・自分の強みや才能を伝えるためのプロフィールやランディングページ（LP）の文章をスピーディに起草できるようになる
・いつでも、誰でも、どこでも売れる「売り方の原理原則」が身につく
・人生 100 年時代、「自らの力で稼ぎ続けることができる」という自信が手に入る

　などがあげられます。ここからも AMM が単なる自己分析ツールではなく、**自分の中に眠っている新たな強みを発見し、それを必要とする人に出会い、伝えるまでの自己ブランディングツールであること**

がおわかりいただけると思います。

　まずは本書をざっと通読した後、第3章、第4章のAMMサーチシートを使ってAMMを見出すプロセスを実際に試してみてください。AMMを通して自分自身の価値を熟考していきますので、最初は、1時間から3時間程度の集中する時間が必要かもしれません。ただ、その時間的投資は、必ず報われます。そして、忘れていた自分自身の強みを見つけ、自信を回復して、3年後、5年後、そして10年後の未来を切り開くことにつながるはずです。

AMMサーチシート

■ なぜ経験を積むほどに、自信を失うのか？

　このコピーライティングを応用したキャリアデザイン法「AMM」

は、AI時代の本格化に伴い、ホワイトカラーが抱える不安や焦りが深刻化する中で、ますます有効性が高まっています。従来のアプローチでは、経験を積むほどに自信を失いがちでした。なぜなら、AIが多くの業務を代替するようになり、従来のスキルや経験が価値を失うことが明らかになってきた今日、自己分析をすればするほど、「それ、AIに取って代わられそう……」という無力感や自信喪失感に苛（さいな）まれてしまうからです。

　そうした市場環境が激変する今日にあって、自分自身の価値を最大化するためには、過去のスキルや経験にとらわれず、働く側が創造的に自分の本当の強みや可能性を見出し、自己ブランディングしていくことが必要なのです。

　これは簡単なことではありません。でもご安心ください。本書でご紹介するAMMを使えば、「自分の中に眠っている新たな可能性」を発掘することで、いかなる時代であっても、自信を持って自らを市場に売り出すことができるようになります。

　人生100年時代において、私たちが求めるのは、ずっと重要な存在であり続け、安心して活躍し続けられることです。これを実現するためには、従来の考え方や方法論だけでは十分ではなく、**忘れていた強みを発掘し、自信を回復する新しいアプローチ**が求められます。本書『あなたの強みを高く売る』が提唱するのは、まさにその新しいアプローチです。

■ 誰にでも「未来に活きる価値」が眠っている

　本書の著者である神田と衣田は、それぞれ異なる分野で活躍した後

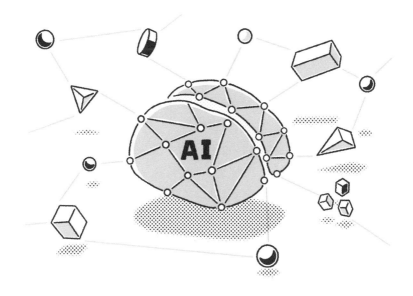

で合流し、マーケティングとコピーライティングを統合した技術を確立しました。ここ数年間、私たちは共同作業で『売れるコピーライティング単語帖』(SBクリエイティブ)、『コピーライティング技術大全』(ダイヤモンド社)という、シリーズ10万部超の著書を出版。結果に直結するマーケティング手法として、現代のマーケッターたちのバイブルとも称されるまでになりました。

　しかしながら、私たちははじめからマーケティングやコピーライティングの専門家ではなく、完全に異なる分野で働いてきました。例えば、神田は元々役人で、その後、外資系メーカーの日本支社を任されたものの、営業経験がまったくありませんでした。その欠点を補うようにと、営業しなくても顧客を集められるマーケティング手法を米国で発見したことで、インターネット時代を牽引するマーケッターの1人として成功しました。

一方、衣田は鉄鋼業界で管理職を務めていたのですが、次のキャリアステップを見据え試行錯誤する中で、コピーライティング技術に出会ったことがきっかけで、自らが養ってきた「わかりやすく説明する力」を、異なる業界や会社で活かせることに気づきました。

　このように、私たちは過去の経験だけにとらわれずに、自分の中に眠っている「本当の強み」を発見し、さらにそれをお金に変える技術と出会ったことで、激変する世界においても、新しい環境に適応して活躍し続けることができました。

　こうした成功体験をもとに、私たちはマーケティング分野で効果が実証されたメソッドをキャリア戦略に応用し、「アビリティ・マーケット・マッチング（AMM）」として、本書で公開することにしました。このメソッドを用いることで、自分自身の強みを引き出し、適切な市場を見極め、その市場で求められる人材としての自己分析を行うことができます。私たちは多くの人々が望むキャリアを実現していくための飛躍台を提供することを目指しています。

　これから自己分析やスキル再確認、自己PRや提案書の作成方法など、具体的なステップをご紹介していきますが、その過程で明らかになってくるのは、誰にでも「未来に活きる価値」が眠っているということです。新しく知識を学び直すのではなく、既にあなたの内にある能力や価値を思い出すことで、自分自身の売れる強みを作り上げられることに気づくでしょう。

　そして、その結果、自分自身が求める、ずっと重要な存在であり、安心して活躍し続けられる人生を手に入れることができるのです。

　そのためのガイドを、私たち2人が務めさせていただきます。

　それでは、この本を手に取って、あなた自身の売れる強みを発見し、世界へ伝える旅へと向かいましょう。

装丁　小口翔平＋阿部早紀子(tobufune)

あなたの強みを
高く売る

自分の強みを
お金に変える
AMMサーチシート

CONTENTS

第 **2** 章

新たなキャリアイメージを構築するAMMサーチシートの進め方

第5章　AMMサーチシートを
ブラッシュアップする

第 6 章　あなたの価値を伝える技術

第 1 章

あなたの強みを
お金に変える
新しい
キャリアデザイン法

1

売り方には
原理原則がある

■「一寸先は闇」でも、安心して過ごせる秘訣がある

「先行き不透明な時代」「変化の激しい時代」という言い方をよく耳にします。でも、こういう表現は、かなり以前から使われていると思いませんか？ 「先行きが見通せた時代」「変化がゆっくりだった時代」とは、いったい、いつのことでしょう？

　私たち著者は2人とも、バブル経済を社会人として経験した世代です。確かにそのときは、右肩上がりの経済成長を誰もが信じて疑わなかったので、ある意味先行きは見通せていたと言えるかもしれません。しかし、そんなバブルも一瞬で崩壊してしまいましたし、そもそもバブル期もそれ以前に比べれば、テクノロジーの進化など変化はとても激しく感じられたものです。

　そして、これから先も「先行きが見通せる時代」や「変化が緩やかな時代」は来ないと考えるほうが自然ではないでしょうか？　だから、もうこういう枕詞を使って、先行きを憂うのはやめませんか？

「一寸先は闇」「過去の成功パターンが将来も通じるとは限らない」——そういう前提に立っても、心穏やかに、日々楽しく過ごせる秘訣があります。それは、**どんな**状況でも、**「自らの力で稼ぐことができる」という自信**を持つことです。この自信がある人とない人とでは、将来に対する安心感は天と地の差があります。

■ 売り方の原理原則がわかれば、感謝されながら
自然に売れる

　でも、「稼ぐ」とか「売る」という言葉を聞くと、違和感や嫌悪感を覚える人もいると思います。特にゴリゴリと強い姿勢で売り込むものというイメージが強い人は、自分にはとてもできないと思うでしょう。しかし、「売り方の原理原則」を理解し実践することで、売り込むことなく、感謝されながら、自然に売れるようになるのです。

　また、「売る」＝「相手からお金を奪うこと」と捉える人もいるかもしれません。お金は対価ですが、これを商品・サービスを提供したことに対する対価と捉えると、お金を奪うイメージになりやすいのです。実は、あなたが提供するものは、商品・サービスそのものではなく、究極的には、次の2つのどちらかなのです。

①相手が抱えている問題を解決するもの・こと
②相手が叶えたい理想を実現するための手助けになるもの・こと

　いずれの場合でも、相手の人生をより良いものにするためのものです。そして、問題が解決したり、理想を実現できたりする感謝のしるしとして、お金をもらうわけです。私、神田は常々こう言っています。ビジネスにおいて「ありがとう」は、買い手が言う言葉なのだと。売り手は、その「ありがとう」に対して、「どういたしまして。良かったですね」と答えればいいのです。

　誤解のないように言っておきますと、売り手が「ありがとう」と言ってはならないということではありません。「私のところを選んで

くれてありがとう」という感謝の気持ちを表すのは大いに結構です。ここで言いたいのは、何かを売るという行為は、相手から何かを奪うわけではなく、相手の役に立つもの・ことを提供することで、その感謝のしるしとしてお金を受け取るという点です。

　だから、詐欺まがいの商法で、感謝されないものを売るのは、本来の「売る」こととはまったく違うのです。**価値あるものを、必要とする人に届ける**。これが「売る」ことの本質です。そして、その**感謝のしるしとしてお金を受け取ることが「稼ぐ」ということなのです。**

■ **どんな状況にあっても、**
　 お金を稼ぎ続けられる自信が持てる

「なるほど、わかりましたよ。でも、どんな状況でも自らの力で稼ぐことができるという自信は、そう簡単に持てるものじゃないでしょ?」と言われるかもしれません。でも、それは、あなたがまだ「売り方の原理原則」を知らないからです。ここで言う売り方とは、あなたが扱う商品・サービスのことだけではありません。本書のテーマである「あなた自身の売り方」も含めての話です。**売り方の原理原則さえおさえていれば、扱う商品・サービスが変わっても、それが「あなた自身」であっても売ることができます。だから、どんな状況にあっても、お金を稼ぎ続けられる自信が持てるわけです。**

　実際、売り方には原理原則がちゃんとあります。しかし、その原理原則は学校でも、職場でも教えられることはまずありません。職場で教わるのは、最初にこれをやって、次にこれをやって、お客様と接するときはこうしてなど、マニュアル化された売り方の手順や心構えの部分であって、売り方の核心ではないのです。

2

恥ずかしい過去

■ 鉄鋼業界の管理職からパティシエ? 整体師?

　ここで、私、衣田の恥ずかしい過去をお話ししましょう。私は、営業の経験はありましたが、今から思えば、売り方の原理原則については、まったく理解できていませんでした。まして、自分の売り方となると、一般的な履歴書の書き方や面接法の参考書などに出ていることしか知りませんでした。そんな状態で、会社員を辞めて独立しようとしていたのです。あなたは既に本書を手に取っているので、このような愚かな間違いを犯すことはありませんが、売り方の原理原則を知らずに独立・起業しようとする恐ろしさを知ってもらうために聞いてください。

　私は、元々、鉄鋼会社に勤めており、入社以来営業の仕事をやっていました。子供が生まれる前後は輸出営業の仕事で、海外出張にも行っていました。そんな中、私の子供は予定日より3ヶ月早く1302gという超未熟児で生まれ、1歳になる前に脳性麻痺であることがわかったのです。そして、医師から、将来手足に不自由が出て、知的障害も出る可能性が高いと告げられました。その後、喘息も患い、小学校に入学する前には、てんかん発作が出るようになりました。こうなると妻1人では介護が厳しい状況になり、会社の特別福祉休暇という制度を利用して、2ヶ月ほど会社を休んだのです。

　会社を休んでいる間に、こんな状況ではグローバルに展開する会社

の社員として働き続けるのは難しいので、家で介護をしながらでもできる仕事を探さなければと思ったのです。しかし会社は、営業部門よりも時間の自由がきく企画部門に異動させてくれるなど、私の生活には最大限の配慮をしてくれました。それに甘えて、ずるずると決断を延ばしていました。その後、会社が合併し、仕事が一段落したタイミングで退職したのですが、最初からコピーライターになることを考えていたわけではありません。

　当時はまだリモートワークが一般化されていなかったので、時間と場所の自由がきく仕事をするためには、とにかく自分で商売をするのがいいだろうと考えたのです。そこで、最初は深く考えずに、単にそのとき好きだった大福のような和菓子やフィナンシェのような洋菓子を自分で作って売ろうと考えました。

　和菓子は日持ちしないので、売れ残りリスクがあることと、仕入れルートがないことによる製造コストの問題があるため、具体的に行動を起こすことなく早々に諦めました。そこで、賞味期限が長く、手軽にできそうなフィナンシェ作りにトライしたのです。2ヶ月ほど毎週土日、フィナンシェを焼き、ノートにメモを取りながらオリジナルレシピの完成を目指しましたが、取り立ててウマいものにはなりませんでした。

　当然です。私は、フィナンシェはおろか、料理が得意でも、その心得があったわけでもありません。料理学校で習うなどの経験もまったくないのに、プロでやろうということ自体が無謀だと気がつきました。そんなことぐらい、やる前にわかりそうなものですが、当時は「何かやらねば」という意識が強すぎて、何かをやることしか考えていなかったのです。

　次に考えたのは整体師です。これも料理と同様に学校に通う必要があると思いましたが、身体のツボを見つけたり、マッサージをしたりするのは得意なほうだという自覚があったのと、子供のリハビリの先生から、「いい勘をしている」と褒められることが多く、才能があるのではないかと思ったのです。加えて、整体は予約制なので、こちらの都合に合わせて予約を取れば、時間の自由がきくと考えたのです。しかし、店舗と住まいが離れていると、時間の自由がきかないので、店舗兼住宅を持つ必要があると考えました。しかも、営業面を考え、比較的人通りの多いところに店舗兼住宅を持つと、かなりコストがかかることが予想されます。これでは採算が取れるまで「持たない」危険性があると思い、諦めました。

　このように、コストから採算をシミュレーションするようなことは一応やっていたのですが、「売り方」自体の基本的なことは何も知らなかったのです。何より、自分ができることや強みを考慮せず、まったく経験のない分野の仕事をしようとしていたわけです。今から考えると、「ひどい」を通り越して恐ろしいことを考えていたと思います。しかし、「今の仕事を辞めて何か自分1人で起業したい」とか「中高年がセカンドキャリアに何をしようか？」という局面で、売り方の原理原則を知らずに新たなビジネスを始めようとすると、少なからず、このようなことが起こります。

■ コピーライティングとの出会い

　その後、「家でできる仕事」や「時間と場所の自由がきく仕事」というキーワードで検索している中で、セールスコピーライターという仕事があることを知ったのです。最初私は、コピーライティングは、家でできるモノを書く仕事だと捉えていました。しかし、コピーライ

ティングのことを詳しく知るうちに、コピーライティングには売り方の原理原則がすべて詰まっていて、単なる「書く仕事」ではないことがわかりました。さらに後になってわかったことですが、**商品・サービスを売るのも、自分自身を売るのも原理原則は同じ**だったのです。本書では、コピーライティングのアプローチで、お金に変わるあなたの強みを見つけていきますが、そのベースとなるコピーライティングについて少し解説しておきましょう。

　コピーライターと言うと、一般的には、短い文章でイメージを表現する「キャッチコピー」を書く人のことだと思われるでしょう。例えば、「明日の空へ、日本の翼」（日本航空株式会社）、「やっちゃえ日産」（日産自動車株式会社）などです。しかし、本書で扱うコピーライティングは、このイメージとは違います。ネットで商品・サービスを販売するときの、長い説明文章を書く技術だと理解していただくといいでしょう。

　あなたも広告やメールマガジンの案内で興味を持って、タップやクリックをしたときに、商品説明が下のほうに長く続いているページを見たことがあるでしょう。そして、最後に申し込みのボタンがあって、そこからすぐに購入できるようになっています。このページのことを「ランディングページ」、略して「LP」と呼びます。このページの原稿を書くのが、セールスコピーライターです。

　このセールスコピーライターという仕事は、当時はまだ一般的にはほとんど知られておらず、情報も少なく、職業として広く認知されるまでには至っていませんでした。そこで、いろいろ調べていくと、アメリカでは約100年の歴史があり、職業として確立されていることや、日本では神田昌典氏が第一人者で、コピーライティングを広めて

いることを知ったのです。

　さらに勉強していくうちに、コピーライターが広告の文章を書くときは、センスではなく、原理原則に基づいて書いていることがわかりました。実は、その原理原則は、会社の起案書（稟議書）や社内外向けの資料作りとの共通点が非常に多かったのです。そして、「人を動かす言葉の構造は、こういうふうになっていたのか」とすごく納得できたのです。これなら、今までの営業と企画の経験＝強みも活かせると考え、本格的に勉強し、その後退職・独立したのです。

　この仕事は、一般的にはセールスコピーライターやセールスライターと呼ばれますが、でき上がった商品・サービスを売るための文章を書くだけでなく、売れるようにビジネスモデルそのものを組み立てるマーケティングの部分を際立たせる意味で、私たちは「マーケティング・コピーライター」と呼んでいます。

3

なぜコピーライティングが
キャリア開発に活きるのか？

■ **商品・サービスを売ることと、自分自身を売ることは同じ**

それでは、このコピーライティングが、なぜ個人のキャリア開発に活かせるのかを解説しましょう。「コピーライティングとは何か？」を突き詰めると、次のように表現できます。

商品・サービスが売れるように、

・それが持っている真の価値や魅力を掘り起こし
・人に伝わるように言葉で表現し
・それを必要とする人に届ける

どうですか？　これは、商品・サービスを売るだけでなく、あなた自身を売るときにもそのまま当てはまるのがわかると思います。

さらに、私たちが主催するコピーライティング講座の受講者を見ていて気づいたことがあります。それは、**商品・サービスを売ることは、最終的には「自分とは何か？」を突き詰めるプロセス**だという点です。どういうことかご説明しましょう。

私たちのコピーライティング講座では、LP という広告の文章を書き上げるプロセスをいくつかに分け、そのプロセスごとに課題を提示します。受講者が課題を提出し、私たちが改善点を指摘し、ブラッ

シュアップしていきます。そして、自分自身が扱う商品・サービスと
じっくり向き合う過程で、次のことを考えます。

・この商品・サービスは、似たような他のものと何が違うのか？
・これを買うと、どんないいことがあるのか？
・これを必要としている人はどんな人か？

　これらを考えていると、「自分はなぜ、この商品・サービスを売っ
ているのか？」、あるいは「なぜ、売り始めるに至ったのか？」とい
うところに行き着き、そこから、「自分が本当にやりたかったのはこ
れだ！」という発見をする人がたくさん出てくるのです。そのやりた
かったことは、今扱っている商品・サービスを売ることの場合もあれ
ば、違うことになる場合もあります。

■ 売れる核心とは

　これらのことから、商品・サービスを売ることと、自分自身を売る
こととは、根本的な部分でつながっていることがわかります。その根
本的な共通部分は、次の通りです。

・他のものと違う良さを見つけて
・それがどのように役立つのかを考え
・それを必要とする人を決め
・その人に価値を伝えると高く売れる

　これが「売れる核心」であり、このことを、私たちは PMM と呼ん
でいます。PMM とはプロダクト・マーケット・マッチングの略で、
売り手の提供価値と買い手のニーズをピッタリと合わせることです。

このPMMこそが「売れる核心」であり、プロダクトとマーケット＝提供する価値と市場のニーズがピッタリとマッチしていれば売れるし、ズレていれば売れません。また、稀少性が感じられるなど、市場での位置づけ（これをポジショニングと言いますが、後ほど詳しく解説します）がしっかりと築ければ、ただ売れるだけではなく、高く売れるようになるのです。

　なお、私たちコピーライターもクライアントの商品・サービスを売る前に、自分自身を売る必要があります。コピーライターはどこかの会社や人から仕事を請け負って、コピーを書きますが、そのためには、まず「書いてくれ」と頼まれる必要があります。そして、「書いてくれ」と頼まれるためには、自分自身を買ってもらう必要があるのです。

　実際、私、衣田が神田と一緒に仕事をするようになったきっかけも、コピーライティングの技術を使ったセールスレター風の自己PR文（右ページ参照）でした（セールスレターとは、通信販売で、商品・サービスを売るための手紙のこと）。

セールスレター風の自己PR文

独立したばかりのこのタイミングでのご縁に感謝！

『非常識な成功法則』の恩返しがしたい・・・
まだクライアントが埋まる前に！

信頼とスピード感のあるライターをお探しなら是非試してみてください

私は衣田（きぬた）順一、51歳です。私自身の個人的な話をさせてください。

私は8月末に27年間勤めた大手鉄鋼メーカーを退職し、セールスライター、コンサルタントとして独立したばかりです。私には高校1年生の脳性麻痺の子供がおり、子供の将来のこと、妻の介護の負担を考え在宅をベースにした仕事がしたいということで退職しました。同時に24年間暮らした東京から生まれ故郷の奈良へ引っ越しをしたばかりです。

でも誤解しないでください。私はこれを悲しい物語にしたくて書いているのではありません。可哀想だと思ってもらいたくて書いているのでもありません。そんな必要は全くないのです。なぜなら私にはセールスライティングのスキルがあり、「焼け野原に立っても、翌日から紙とペンだけで立ち上がる力」（by 神田昌典）があるからです。

ダイレクト出版（株）認定セールスライター
確かなスキルがあるので、即戦力で貢献できます！

セールスライティングはダイレクト出版株式会社の通信講座で学び、ダイレクト出版認定セールスライター試験に合格（2017年4月）し、サイトにも掲載いただいています。
https://www.theresponse.jp/aboutus/partners/

マーケティングはテスト改善の連続
結果を出すまでのスピードにご注目！

世の中にセールスライターという仕事があるということを初めて知ったのが2016年1月。2月から本格的に勉強を始め、7月までに通信講座4つを修了。その後実践の場を求めて活動し、11月に初の有償案件を受注。その後副業期間中の10ヶ月間にセールスライターとして得た報酬合計は110.4万円。

ちょっと変わったセールスライティングの実績
マーケティングそのものに関する仕事が多く、
幅広い業務に対応できます！

- ☑ （A社様）ダイレクト・レスポンス・マーケティングを解説したE-BOOK作成（A4x60ページ、約4万文字）
- ☑ （B社様）セールスライター向け講座（約7時間分）のE-BOOK作成（ウェブサイト実装まで、約9万文字）
- ☑ （B社様）セールスライター向け講座72時間分の動画からE-BOOK作成（A5x214ページ、約5万文字）
- ☑ （A社様）マーケティング会社の社内研修用ダイレクト・レスポンス・マーケティング解説パワーポイント資料を他3人のチームメンバーに分担して、それを取りまとめて作成（パワポ123ページ）
- ☑ （C社様）マーケティング関連の月刊誌の対談記事編集（文字起こし後原稿受領後の編集）
- ☑ （B社様）セールスライター向け体験講座での体験生96名の指導（コンテンツ作成に関する部分）
- ☑ （B社様）コンテンツの作り方に関するレビュー（ほぼ毎日1〜2件）
- ☑ オプトインLP
- ☑ ステップメール
- ☑ クッションページ

次のページをご覧ください→

仕事への責任感と信頼の証
途中で逃げられる心配はまったくありません

大手鉄鋼メーカーで27年勤務し、部長格の職位までいきました。安定した生活や高額な給与を捨て独立を決意。しかし退職した会社の上司、同僚、OB、取引先から200名を超える方からの応援やご支援をいただき、今までの営業及び企画・調整の経験を活かせるコンサルタントとしての仕事の話をいくつかいただいています。

バイブルは『非常識な成功法則』

『ザ・コピーライティング』など仕事で使う書籍はもとより、神田昌典さんの著作多数に影響を受けていますが、中でも独立への支えになったのは『非常識な成功法則』です。何度も何度も読み返し、折れそうになった時に支えてくれたのもこの本でした。独立後も今後の指針になり続けると思います。

不思議なご縁？！
このタイミングでのマーケティングライター募集
今こそ恩返しのチャンス

これまでは副業でセールスライターの活動をしてきましたが、独立しこれから本格的にセールスライターとしての活動を始めようというタイミングで、あの神田昌典さんからマーケティングライター募集のご案内をいただいたことに不思議なご縁を感じます。今こそ支えてくれた『非常識な成功法則』の神田昌典さんにわずかでもご恩返しをする機会ではないかと考えました。

私を採用することで得られるベネフィットは・・・

☑ 客観的に証明されたスキルがある（ダイレクト出版認定セールスライター）ので、すぐに安心してお任せいただけます。

☑ スピード感を持って、きっちりアウトプットできますので、ビジネスのスピードを上げることができます。

☑ 通常のセールスコピーだけではなくちょっと変わったライティングの実績があるので、幅広い業務バリエーションに対応できます。

☑ メインの目的は私を独立まで導いてくださった神田昌典さんへのご恩返しです。
　ぜひ私にもマーケティングライターとして、「社会のために言葉を紡ぐ」一翼を担わせてください！

ご連絡はこちらまで

書類での選考でOKになりましたら、下記メールアドレスまでご連絡ください。

kinuta

衣田　順一

P.S.　セールスライティング、コンサルティングのお話を並行していただいており、仕事が埋まる前に、今なら神田さんへのご恩返しの時間を優先的に確保することができますのでなるべく早くご連絡をいただけましたら幸いです。

このように、商品・サービスを売るためのコピーライティングの原理原則は、個人のキャリア開発にもそのまま使えるのです。

32

■PMMをキャリア開発に置き換えたAMM

先ほど売れる核心はPMMだと言いましたが、このPMMは単なる概念ではありません。私たちは「どうすれば、売り手の提供価値と買い手のニーズをピッタリ合わせることができるか」を方法論にまで落とし込んでいます。それは、次のとてもシンプルな3つの要素に凝縮されます。

・誰に対して
・他とは違うどんな価値を提供し
・その結果、相手にどんないいことをもたらすのか？

私たちは、これを覚えやすいように「誰が、何をして、どうなった？」と表現しています。この3つを考え、マッチさせることで、PMMが完成し、売れるビジネスモデルができ上がるのです。逆に言うと、この3つが噛み合っていないと、いくら努力しても売れません。

そして、この原理原則は、あなた自身を売るときにも当てはまります。あなたの能力（才能）と、それを高く評価してくれる市場をマッチングさせればいいのです。そこで、PMMのProductの部分を、個人の能力・才能という意味でAbilityに置き換えたのが、本書でこれから紹介していく AMM（Ability Market Matching ）です。

本書では、**AMM で見出される「他とは違うどんな価値が提供できるか？」**の部分を、いわゆる「強み」と考え、あなたの強みをお金に変える方法、あるいは、お金に変わる強みを見出していきます。

■AMMは幸福な人生のための力強いツール

「よくある自己啓発か」と思われるなら、ちょっと待ってください。「自分の強みを発見する」ということだけなら、確かに他にもいろいろなメソッドがあります。しかし、AMMがそれらと最も違うのは、**強みを「高く売れるようにする点」**なのです。

どんなに素晴らしい強みがあっても、その価値が伝わらなければ、高い報酬は得られません。最悪の場合は、そもそも報酬にすらなりません。だから、強みを見つけるだけでは十分ではなく、その**強みが、あなたに「経済的満足」をもたらすところまでを考える必要がある**のです。

この満足度という観点で、最近注目されているのが「ウェルビーイング」という考え方です。ウェルビーイングの定義として、よく引き合いに出されるのは、次のPERMAとギャラップ社の2つの定義です。

PERMA

Positive Emotion	ポジティブな感情
Engagement	何かへの没頭
Relationship	人との良い関係
Meaning and Purpose	人生の意義の自覚
Achievement/Accomplish	達成

ギャラップ社の定義

Career Wellbeing	仕事に限らず、自分で選択したキャリアの幸せ
Social Wellbeing	どれだけ人と良い関係を築けるか
Financial Wellbeing	経済的に満足できているか
Physical Wellbeing	心身ともに健康であるか
Community Wellbeing	地域社会とつながっているか

（出典：「講談社SDGs by C-station」の記事を元に作成）

　注目してほしいのは、ギャラップ社の定義にある「経済的に満足できているか」という項目です。ことわざにも「衣食足りて礼節を知る」とありますが、物質的な豊かさのもととなる「経済的満足」は、幸福を考える上で、外せない項目です。もちろん、お金がすべてではないし、お金がなくても幸福を感じることはできます。でも、同じ仕事をするなら、楽しく、かつそれに見合った報酬が得られるに越したことはないはずです。

　もちろん「経済的満足」だけでなく、あなたならではの強みを活かすことで、「達成」「何かへの没頭」「人生の意義の自覚」「自分で選択したキャリアの幸せ」も感じることができるでしょう。さらに、あなたの強みを必要とする人に届けるのですから、人に喜ばれ、感謝されます。そうすると、人との良い関係も築けます。その結果、心身の健康も維持できるでしょう。

　このように、AMMでは「強みを高く売れるようにする」ことを最も重視しており、ひいては私たちが幸福な人生をおくる上で、とても力強いツールとなり得るのです。

4

AMMで市場価値を高め、
キャリアを大きく飛躍させる

■AMMサーチシートでできること

　本書では、あなたの強みを再定義し、高く売れるようにするまでの一連のプロセスを「AMMサーチシート」という次のフォーマットを使って進めていきます。

AMMサーチシート

　AMMサーチシートについては、第2章以降で詳しく解説しますが、ここでは、このAMMサーチシートを活用して新たなキャリアイメージを発見した代表的な4人の事例を簡単にご紹介しましょう

（プライバシーに配慮して、名前はすべて仮名です）。

神戸博さん（40代・会社員）

　神戸さんは、会社でシステムエンジニアとして活躍中ですが、今後は自分の強みを活かして独立したいと考えていました。AMM サーチシートで各要素を掘り下げ、最終的に、「社員を巻き込むファシリテーション能力に優れた、システム開発・運用サポーター」という新たなキャリアイメージができ上がりました。

川田昌行さん（40代・パーソナルトレーニングジム経営）

　川田さんは、スポーツトレーナーですが、スポーツ選手以外の一般の人の肩こり解消など身体のメンテナンスプログラムを提供されています。AMM サーチシートで、「企業に対して、身体のメンテナンスプログラムを福利厚生の一環として提供するというキャリアイメージ」と、「今後どのようなステップで事業を拡大していけばいいのか」の方向性が、自分でも思いつかなかったレベルで明確になりました。

並木昌俊さん（20代・会社員）

　並木さんは、会社でマーケティングを担当していました。今後さらなるステップアップを目指して、転職を視野に入れていましたが、自分に何ができるのかがいまひとつクリアになっていませんでした。そこで、AMM サーチシートで自分自身を見つめ直した結果、「マーケティング・プロジェクト・インテグレーター」という納得できるコンセプトを見出したのです。そしてほどなく、マーケティング・プロジェクトを含めた、もっと大きな仕事ができる機会があり、転職しました。

山口明さん（60代・会社員）

　山口さんは、四十数年、営業関係の仕事で実績を上げていましたが、定年退職を控え、今後は強みを活かした仕事で働き続けたいと望んでいました。AMMサーチシートを使い今までの経験を棚卸しすることで、「高い信頼関係構築力を活かし、成績の芳しくない社員の能力を引き上げ、会社全体の業績を底上げするコンサルタント」というキャリアイメージができ上がり、今後向かうべき方向と、それに必要な磨くべきスキルが明確になりました。

　この4名の方々が、どのようなプロセスで新たなキャリアイメージを構築していったかについては、第5章で詳しくご紹介します。その他にも、AMMサーチシートで「お金に変わる強み」を見出した人の事例を適宜ご紹介していきますので、参考にしてください。

　最後に、AMMサーチシートでできることと、留意しておくことをまとめておきます。まず、AMMサーチシートでできることは、次の3つです。

①あなたが認識している強みを、お金に変えられるように再定義できる
②あなた自身は気づいていないけれど、あなたが既に持っている強みを発見し、それをお金に変えられるように構築できる
③あなたが持っている強みをお金に変えるために、今後磨くべき領域がわかる

　あなたがどんなベネフィットを享受できるかは、あなたの現状の仕事や過去のキャリアによって違ってきます。

　まず①の「あなたが認識している強みを、お金に変えられるように再定義できる」は、あなた自身が「自分の強みはこれだ！」と明確に、もしくはある程度わかっている場合です。この場合、「どのようにすれば、強みの市場価値が最も高まるか」を中心に考えることになります。だから、AMMサーチシートの前半のプロセスである「自分の強みを発見する」プロセスは、ほぼ完了している状態なので、「その強みの価値をどのように高めるか」にフォーカスしていきます。

　次に②の「あなた自身は気づいていないけれど、あなたが既に持っている強みを発見し、それをお金に変えられるように構築できる」は、多くの人に当てはまるケースです。AMMサーチシートの前半で強みを定義し、その後に強みの市場価値を高めていくプロセスをたどります。ここでのポイントは、「あなたが既に持っている強み」という点です。「あなたが今持っていない強み」が魔法のように降ってくることはありません。ここはよく勘違いされるのですが、AMMサーチシートで発見できる強みは、あくまでも、あなたが今持っているものに限定されます。

　これらが③のケースにつながってきます。AMMサーチシートで、あなたが持っている強みをお金に変えられるようにするためには、「今後磨くべき領域がある」という結論になることもあります。端的に言うと、「今の強みだけでは、お金にならない」ということです。

　「え〜、だったらダメじゃん」と本書を読むのを投げ出すのは、ちょっと待ってください。仕事の経験がまったくない学生であっても、「強み」は必ずあります。私たちは、「強みがない」ということはあり得ないと考えています。あるのは、その**強みの市場価値の大小**です。市場価値が高ければ、報酬（収入）は上がりますし、市場価値が

低ければ、報酬（収入）は上がりません。だから、今ある強みだけでは市場価値が低い場合でも、「何が足りていないのか」、あるいは「何を磨けばいいのか」がわかれば、市場価値を高めるための次の一歩が踏み出せるはずです。

　多くの人が「現状を変えたい、新しいことを始めたい」と思いながらも、なかなか行動に移せなかったり、また強みを持ちながらも、それをお金に変えられないのは、「強みに磨きをかける」「足りないものを補う」という視点が抜けているからです。自らの強みを発見するとともに、強みに磨きをかけたり、足りない部分を補ったりすることで、あなたの市場価値を大きく高め、キャリアを大きく飛躍させることができるのです。

　次章では「AMM サーチシート」の概要や記入上の留意点について解説していきます。

第 2 章

新たなキャリアイメージを
構築する
AMMサーチシートの
進め方

1
AMMサーチシートの 11ステップ

■ 前半で強みを見出し、後半で市場価値を高める

　あなたの強みをお金に変える、あるいは、お金に変わるあなたの強みを、効率的かつ効果的に見出すための方法論が、私たちが開発した「AMMサーチシート」です。AMMサーチシートは、次のような11個の記入スペースからなる1枚のシートです。

AMMサーチシート

　このAMMサーチシートは11のステップで構成されています。Step1からStep11まで順番に記入していってください。

　では、各ステップがどのように流れていくのかを見ておきましょう。

Step1：あなたの名前を記入する

Step2：あなたにとっての最高の仕事を考える

Step3：あなたの現状の仕事を棚卸しする

Step4：現在および過去の実績を振り返る

Step5：自分ができることを整理する

Step6：最高の仕事に最も不足しているものを考える

Step7：不足していると思われるものが、今あるもので解消できるとしたら、それは何かを考える

Step8：あなたができることを他の人と比較して、どう違うかを見出す

Step9：ここまでの流れを踏まえ、あなたが提供できる価値を定義する

Step10：あなたの価値を最も享受できる人は誰かを考える

Step11：あなたの新たなキャリアイメージを構築する

　いかがでしょうか？　いきなりStep2で止まってしまうかも……と感じたかもしれませんが、大丈夫。心配いりません。うまく思いつ

かず、途中で進めなくなってしまうことも想定内です。途中で止まってしまっても、そこからどのように掘り下げていけばいいのかについて、第3章で詳しく解説してありますので、安心してください。

　AMM サーチシートの11 ステップは、もう少し大きなくくりで見ると、次の5段階にまとめられます。前半であなたの強みを見出し、後半で市場価値を高める流れになっています。

①最高の仕事を定義	Step2
②強みを見出す	Step3~5
③現状維持バイアスの解除	Step6~7
④強みの市場価値を高める	Step8~10
⑤新たなキャリアイメージの構築	Step11

　中には、11 のステップを順に埋めていくだけで、すんなり新たなキャリアイメージが浮かび上がる人もいますが、たいていの人は、そう簡単にはいきません。なので、まずは Step11 までを、ざっとひと通り埋めてみてください。その後、それぞれの項目をブラッシュアップしていく中で、自分の強みと市場価値が浮かび上がり、最終的に新たなキャリアイメージが構築できるようになります。このブラッシュアップのプロセスこそが AMM の核心になりますので、第5章で詳しくご紹介します。

　なお、AMM サーチシートの記入は次のどちらか、気に入ったものでやっていただくといいでしょう。

①巻末付録の AMM サーチシートを A4 サイズの紙にコピーし、そこ

に付箋を貼り付けるか、直接手書きする

　巻末付録には、記入用にスペースを大きくとったAMMサーチ
シートと、ステップガイド付きのAMMサーチシートの2種類があ
るので、ステップガイドを参考にしながら、記入用のAMMサーチ
シートを使っていただくと良いでしょう。

②エクセルや自分の好きなソフト、またはホワイトボードなどに、
　AMMサーチシートと同じ枠を作り、そこに打ち込むか、手書きで
　記入する

　手書きの場合は、できれば色もいくつかを使い分けるといいでしょ
う。カラフルな手書きの文字は、インスピレーションがわきやすいで
すし、付箋の場合は、書き直すときも貼り替えればいいので簡単で
す。

2

AMMサーチシートの
7つの留意点

　AMMサーチシートの各ステップの解説に入る前に、AMMサーチシートの記入上の留意点について、いくつかお伝えしておきます。

■（1）要素の配置にはノウハウがある

　AMMサーチシートは、一見、11のステップがランダムに配置されているように見えますが、**考えるべき要素を必要最低限に絞り、要素間の相互関係を俯瞰し、整合性の取れる形にまとめ上げるのに最適なフォーマット**となっています。

　つまり、11個の記入スペースのどの位置に、どの要素を持ってきて、どういう順番で考えていくと、効率的かつ効果的に強みと市場のマッチングができるかという観点で、さまざまな工夫や仕掛けが施されているのです。そのため、**AMMサーチシートはそれぞれの要素の場所を変えると効果が落ちてしまいますので、フォーマット通りに使用するようにしてください。**

　その典型例の1つがAMMサーチシートの中央の6マスの上にある、次の記号です。

　まず、この記号が何を意味するのかをご説明しましょう。AMM

サーチシートの中央にある、枠で囲われた6つのマスを埋めることは、自分の強みを発掘し、その市場価値を高めていく非常に重要なプロセスです。6マスの下段を左から右に埋めていき、次に上段を左から右に埋めていくようになっています。しかし、この記号の意味は縦の関係性を表しています。左の上下2マスが「アンテナ」のマーク、真ん中の上下2マスが「スコップ」のマーク、右の上下2マスが「レンズ」のマークになっており、それぞれ次の意味があります。

・アンテナ：情報をキャッチする
・スコップ：掘り下げる
・レンズ　：チェックする

　左の上下2マスはアンテナ、つまり、必要な情報をキャッチすることを意味しています。「あなたの実績」と「他者との比較」がそれにあたります。真ん中の上下2マスはスコップで、キャッチした情報を掘り下げるという意味があります。「あなたができること」と「それは何がいいのか？」が該当します。そして右の上下2マスはレンズで、掘り下げた情報をチェックする意味があります。「最高の仕事に不足しているもの」と「最も価値を享受できる人は？」がこれにあたります。

　それぞれの意味を深く理解する必要はありません。チャートの記入スペースが漫然と並んでいるのではなく、順番も配置もちゃんと設計されているということを知っていただければ十分です。

　参考までに、「なぜ文字ではなく記号なのか？」についても触れておきましょう。AMMサーチシートは緻密なプロセスで進めていくので、どうしても「理詰め」の印象が強くなります。そうなると、左脳

派の人にはいいのですが、右脳派の人は抵抗を感じる可能性があります。そこで、「理詰め」の印象を少しでも和らげるために、文字ではなく記号にしたのです。11個の記入スペースが、角の丸い四角になっているのも同じ理由です。

■（2）極力端的に表現すべき理由

　それぞれのステップには記入スペースを設けていますが、それほど大きなスペースではありません。だから、そんなに長文は書けないようになっているのですが、ここは意図的にそうしてあるのです。**できるだけ短い言葉で、端的に表現し、全体を俯瞰できるようにするのがポイント**です。

　手書きの場合でも、パソコンで入力する場合でも、すごく小さな文字サイズでびっしり埋めてはいけません。紙の大きさで言えば、基本はA4横のサイズです。大きな紙を使ったとしても、大きな文字で入れるならOKです。要するに、俯瞰したときに、相互のマスの関係がわかる程度に、記入スペースの中がパッと見てわかるくらいシンプルになっている必要があります。文字がたくさんあって、読み込まないとわからないようだとダメなのです。

　例外は、とにかく思いついたものをブレーンストーミング的にアウトプットしてみる場合です。この場合は、別紙にアウトプットした中から、いくつかを抜粋して、極力シンプルに表現して、AMMサーチシートに記入します。

　そもそも文章は短く、シンプルに表現するほうが難しいのです。こんな逸話があります。「もっと時間があれば、もっと短い手紙を書け

たのですが」――これは、フランスの哲学者・数学者のブレーズ・パスカルの言葉だと言われることが多いのですが、実は出所ははっきりしていません。出所はさておき、文章は短く表現するほうが圧倒的に難しいのです。

　文章が長くなるほど、補足的な説明が多くなりますし、それでは「ズバリ何か」ということがわかりません。逆に言うと、短くズバリ表現できないのは、頭の中でまだ十分整理ができていないからなのです。自分の頭の中が整理できていない状態は、自分が何を言おうとしているのかが、整理できていない状態です。自分が何を言おうとしているのかがクリアでないのだから、他人に伝わるわけがありません。

　だから、端的に表現するのは読み手のためだけではなく、あなた自身のためでもあります。**端的に書ける＝自分自身で腹落ちしている**ということなので、あなた自身が明確に認識できるようにするために、端的な表現で書いてください。AMM サーチシートは自分 1 人で書くものですが、他人が見てもわかるように、シンプルに的確に表現するよう心がけましょう。

■（3）穴埋めテンプレート活用法

　その上で、**あふれない範囲で具体的に書く**ようにしてほしいのです。シンプルに書くことと矛盾するようですが、シンプルすぎてもイメージができないからです。例えば、Step10 の「最も価値を享受できる人は？」を記入する際に、「お金持ちの人」という表現だとかなり抽象的です。これを「もっと資産運用の効率を上げたいと考える、金融資産 5000 万円以上を持つ 60 歳以上の人」だと、かなりイメージしやすいと思います。

Step10 に限らず、すべての要素は、クリアにイメージできるものであるほど、全体のブラッシュアップがうまくいきます。できるだけ具体的にイメージできるように、AMM サーチシートの各ステップの中には、穴埋めテンプレートを用意しているところがあります。これは、**イメージが拡散してしまわないように、あえてアウトプットの形式を「穴埋めテンプレート」で固定している**のです。多少の表現のアレンジは OK ですが、自由に書いてしまうと、前後のステップの相互関係を考えたいときに考えづらくなってしまうので、穴埋めテンプレートがあるところは、それに沿って記入してください。

■（4）ライフ・ワークとAbilityの関係

　ここは、よく勘違いが起こるところなのですが、AMM サーチシートは、直接ライフ・ワークを見つけるためのものではありません。自らの価値を掘り下げていく過程で、それが結果としてライフ・ワークにつながっているケースは多いのですが、今あなたが持っている高く売れる Ability が、あなたのライフ・ワークとは限りません。

　そうした場合は、そもそものライフ・ワークについて、「本当にそれが自分のライフ・ワークなのか？」を確認してみると良いでしょう。その結果、ライフ・ワーク自体が変わる可能性もあります。ライフ・ワークだと思っていたものがそうではなく、新たに見出された「売れる Ability」がライフ・ワークになっていくケースです。一方、あくまでもライフ・ワークを実現したい場合は、それに必要な Ability を磨いていく方向にシフトすることになります。

■（5）AMMサーチシートで変化を感じにくいのはこんな人

　中には AMM サーチシートを使っても、「新しいキャリア」が見出せない可能性が高い人がいます。それは、新しいキャリアを求めていない人です。これには両極端の2種類があります。

　1つは、現状の仕事にとても満足している人です。今の仕事がライフ・ワークであったり、天職であったりする人で、その自覚がある人です。そういう人でも、もっと上のステージに向けて、新たなキャリアを模索している場合は別ですが、既に満足度の高い人は、新たなキャリアを見出しにくいでしょう。

　もう1つは、その真逆で、諦めてしまっている人です。AMM サーチシートはその名の通り、強みを探すものなので、探す意欲のない人は何も見つかりません。人生を諦めてしまっているけれど、心のどこかで、「何かできるはず」と思っている人は、「求めている」ので大丈夫です。

■（6）全体を俯瞰して各ステップをブラッシュアップする

　AMM サーチシートは、Step1 から Step11 まで、記入する順番が決まっています。この順番で考えていくのが、最短でキャリアイメージを構築する方法です。でも、どうしても途中で壁にぶつかり、書くのが難しい場合もあるでしょう。その場合は、いったんブランクにして後で改めて考えるようにしても構いません。

　AMM サーチシートは、強みをお金に変えるために必要な要素が俯

瞰できるようになっているのが特徴です。そのため、全体をながめながら部分を、あるいは部分から全体像をイメージします。あるいは、各要素の相関関係を見ながらブラッシュアップしていきます。したがって、記入が難しいと感じるときは、いったんとばして後から全体を俯瞰して考えてみると、スッとアイデアが出てきたりします。

　とは言え、AMM サーチシートで一番困るのは「書くことが何もない」状態です。わずかな手がかりでも、何かあればそこから掘り下げることはできますが、何もなければ、掘り下げようがありません。だから、なんとか「ひねり出す」、あるいは「絞り出す」スタンスで探してみましょう。

■（7）言語化の強い味方

　AMM サーチシートは考えるだけでなく、実際に各要素を言葉で書くようになっています。いざ記入しようとしたときに、「頭の中にはあるけれど、うまく表現できない」と感じるケースもあるでしょう。

　言語化できない状態というのは、自分の中で腹落ちしていない＝確信が持てない状態にあると考えられます。そして、元々言語化が苦手な人は、ボキャブラリー不足の場合が多いのです。言語化が得意な人は、頭の中にあるぼんやりとしたイメージを、たくさんあるボキャブラリーの中から、ピッタリとした言葉に当てはめていくうちに、自分の中で「これだ！」と納得のいく表現を見つけることができます。

　では、ボキャブラリーを増やすにはどうしたらいいのか？　簡単かつすぐにできる方法としては、類語辞典を活用する方法があります。例えば、Step5「あなたができること」を考える場合、「誰かとトラ

ブルになっても穏便に解決できること」を表現したいけれど、うまく言葉にならないとします。その場合、いきなり最終形の言葉を探すのではなく、違和感があってもいいので、近い言葉で表現してみます。例えば「うまく人を説得することができる」としてみます。

でも、「説得する」というのとは違うと感じる場合、「説得」の類語を探します。そうすると、「人の意志を変えるために様々に働きかけること」というカテゴリーで「交渉」という言葉があります。また、「人に特定の行動を起こすようにはたらきかけること」というカテゴリーで「呼びかけ」「勧誘」「誘い」などの表現が見つかります。

自分は理屈で説得したり、交渉したりというよりは、よく聞いて、結論の方向に誘う感じかなと思えば、今度は「誘う」の類語を探します。そうすると「導く」という言葉があります。こうやってたどっていき、「もめ事を穏便に決着の方向に導くことができる」と表現すると自分のイメージにピッタリ合うことがあります（以上、「Weblio 類語辞書」より）。

このように、言葉の連想ゲームのような感じで、似たニュアンスの言葉を探すと、自分の頭の中にあるイメージにピッタリ合う表現を見つけることができます。

AMM の概要説明と記入上の留意点については以上です。次章からは実際に AMM サーチシートの各ステップの記入方法について詳しく解説していきます。

第 3 章

あなたの強みを見出す
7つのプロセス

Step 1
名前

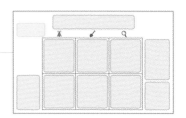

あなたの名前（フルネーム）を記入

　ここからいよいよ、AMMサーチシートを使って、あなたの強みをお金に変える、あるいは、お金に変わる強みを見出すプロセスに入ります。では、具体的に始めましょう。

　まず最初はリラックスです。自分の強みをお金に変えるというのは、一生の問題であり、深刻な問題ですが、眉間^{みけん}にシワを寄せて、必死に考えないでください。なぜなら、AMMサーチシートは、「こういう実績があるなら、こういう強みが見出せるんじゃないか」とか、「こういう見方もできるな」というような、「ひらめき」と「気づき」がポイントになります。ですから、頭を柔らかくして考えることが必要です。

　眉間にシワを寄せていると脳波がベータ波になってしまいます。ゆるーくリラックスして、脳波をアルファ波の状態にしたほうがクリエイティビティは発揮できるので、ストレッチでもして、リラックスして始めましょう。

　それではStep1に入りましょう。まず、あなたの名前を書きます。深く考える必要はありません。「自分とは何か？」を掘り下げていく上で、まず、あなた自身を確認するために、このステップを設けています。会社名や所属部署などの情報は一切いりません。名前だけをシンプルに入れましょう。

　ここで注意事項が１つ。本名以外にビジネスネームを使っている人は、ここでは本名を入れてください。ビジネスネームだと、どうしてもその名前を使い始めた頃の自己イメージに強くとらわれてしまうためです。AMM サーチシートは、過去と未来の両面からアプローチするため、できる限りそうしたイメージの偏りは排除し、フラットな状態で臨みたいものです。ということで、ここは本名をサクッと入れましょう。

Step2
最高の仕事

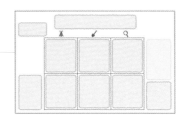

> テンプレートに沿って考え、最終的に「〇〇な人を〇〇で助けること」と
> 記入

　次は Step2、あなたにとっての「**最高の仕事**」とはどういうものか
を考えます。いきなり難しそうな感じがするかもしれませんが、ご安
心ください。ここでは、より取り組みやすいように、「穴埋めテンプ
レート」を用意しています。難しく考えずに、穴埋めテンプレートに
沿って考えてみましょう。

　当初、この Step2 は「最高の仕事」ではなく、「理想の仕事」とし
ていました。しかし「理想」と言うと、「南の島でのんびりしながら、
1日4時間、週に3日、気の合う仲間と楽しくできる仕事」というよ
うに、どうしても「ライフスタイル」のほうに発想が広がってしまい
がちでした。

　この考え自体を否定するつもりはありませんが、これでは「あなた
が買い手に提供できる価値」が曖昧なため、この先、あなたの能力と
市場をマッチングさせるのが難しくなってしまいます。そこで「理想
の仕事」ではなく、「あなたにとって最高と思えるのはどんな仕事
か？」という、「あなたが買い手に提供できる価値」を明確にイメー
ジできるよう「最高の仕事」という表現にしました。さらに、抽象的
な表現を避ける狙いで、穴埋めテンプレートも設けました。

　また、穴埋めテンプレートの表現についても補足しておくと、
AMM では「仕事とは感謝されること」という考え方をベースにして

います。いくら報酬が高くても、誰からも感謝されない、喜ばれない、頼りにされない仕事ほど虚しいものはありません。つまり、**仕事で報酬を得ること＝感謝の証**と考えています。

　第1章でも触れましたが、「ありがとう」という言葉は買い手が言う言葉で、売り手は「ありがとう」に対して「どういたしまして」と言うのが、まず基本です。

　売り手が頭を下げて「買ってもらう」のではありません。売り手は価値ある商品・サービスを提供し、買い手が抱える問題を解決したり、理想を実現したりするための「ソリューション」を提供するのです。つまり、買い手にとって、役に立つこと、いいことを提供するのですから、買い手は売り手に「ありがとう」と感謝します。これが、売り手と買い手の健全な関係です。

　また、英語では「Thank You」に対して、一般的には、「You are Welcome」で答えますが、「**My Pleasure**」という表現もあります。私、衣田は、この「My Pleasure」を初めて聞いたときに、いたく感動しました。会社員時代に、オーストラリアに出張したときのこと。現地の商社の人に、顧客のオフィスや工場を車で案内してもらいました。スケジュールを全部消化して戻ってきたときに、「今日は1日どうもありがとう。とても意義のある1日だったよ。でも、君は丸1日自分の仕事ができなくてごめんね」というニュアンスでお礼を言うと、彼はとても嬉しそうに「My Pleasure」と言ってくれたのです。この「My Pleasure」は日本語に訳しにくいのですが、「それは、私の楽しみなんだから」「私こそ楽しかったんだよ」というニュアンスです。

このように、AMMでは相手から「ありがとう」と感謝されること
が、自分にとっての楽しみ・喜びであるという考え方に基づいていま
す。そして、それは、

報酬＝感謝の証＝私の喜び（My Pleasure）

という図式で表されます。

　ということで、まずは次の穴埋めテンプレートに言葉を入れてみま
しょう。「どのように感謝されることが、あなたにとってMy Pleasure
か？」をイメージしながら記入してみてください。

ありがとう。あなたのおかげで〇〇できたよ！
or
ありがとう。あなたが〇〇してくれて、とても嬉しかった（助かっ
た）よ！

記入例

・ありがとう。あなたのおかげで営業に対するストレスが解消できた
　よ！
・ありがとう。あなたがプロジェクトリーダーを引き受けてくれて、
　とても嬉しかったよ！
・ありがとう。あなたが業務ツールを開発してくれて、とても助かっ
　たよ！

　次に、「このセリフを言っているのはどんな人か？」を考えてくだ
さい。具体的にイメージできるほうが望ましいのですが、それが難し
ければ、この段階では漠然とした表現でも構いません。

　例えば、「○○に悩む40代の女性」「○○したい20～30代の会社員」というくらい具体的な表現が理想ですが、「○○している人（会社）」や「若い男性」というくらいの抽象的な表現でも構いません。

　なお、会社員やNPO法人など組織に属している人で、人事や研究開発など直接エンドユーザーとの接点がなく、感謝してくれる人が社内（組織内）の人になる場合は、社内（組織内）の人でも構いません。一方、エンドユーザーとの直接の接点はなくても、エンドユーザーが感謝してくれる情景がイメージできるのであれば、その人でもOKです。

　感謝のセリフと感謝している人がイメージできたら、最終的に次の穴埋めを完成させてください。

あなたにとっての最高の仕事は、
○○な人を○○で助けること

・営業成績が上がらず苦しい思いをしている人を、売り込まなくても売れる方法で助けること
・スタートアップ企業の経営者をプロジェクト推進で助けること
・システム人材難の地方の中小企業経営者を業務効率化ツールの導入で助けること

Step3
今の仕事

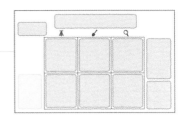

スキル・技術、知識にフォーカスし、「何をしているのか?」をできるだけ
具体的に記入

　次は、Step3「今の仕事」です。ここでは、**現在どんな仕事をしているのか?** を記入しますが、単に会社名や所属部署、職種を書くのではなく、具体的な仕事内容がわかるように書きます。もし、今仕事をしていない場合は、直近でやっていた仕事について考えてください。

　ここで、特に意識してほしいのは、あなたが「**どんなスキル・技術、知識を使って、その仕事をしているか?**」という点です。シンプルに言うと、「あなたは今、何をしているのか?」ということです。

　「私は今、何をしているんだっけ?」——このシンプルな問いに答えるのは意外と難しいものです。しかし、「あなたは今、何をしているのか?」は、後のStep5「あなたができること」とも関連してくることなので、重要なポイントになります。

　具体例をあげてご説明しましょう。今の仕事として「○○自動車株式会社　法人営業部　営業一課」と書くのは、単に部署名を入れただけなので NG です。その部署で「あなたは何をしているのか?」がわかるように書いてください。例えば、「○○県内の法人向けに小型トラックを販売」という具合です。

　その他の NG 例と OK 例を具体的に見てみましょう。

〈NG例〉

①株式会社○○　営業統括部　システム担当

②税理士

③経営コンサルタント

〈OK例〉

①繊維業の受発注システムのメンテナンスと、社内外からの要望を受け、改善の仕様をまとめて関連会社に発注する仕事

②○○県内の、主に個人事業主に対する確定申告および税務全般のサポート

③中小企業で創業社長から2代目への事業承継を円滑に進めるために、一定期間その企業に入り込んで、権限委譲の具体的な助言を行う

「今やっている仕事」は1つに絞る必要はなく、複数あげても構いません。ただ、あまり細分化せずに、スキル・技術、知識の単位で大きく捉えてください。

　ここでは、過去にやっていた仕事ではなく、今やっている仕事、あるいは、今仕事をしていない人は直近でやっていた仕事について考えてください。「過去にやっていた仕事」については、Step4の「あなたの実績」とStep5の「あなたができること」の中で考えていきます。

　もし「自分は今いったい何をしているのか？」という観点でうまく頭に浮かばない場合は、次のような切り口で考えるといいでしょう。

・メインでやっているのはどんなことか？

・一番気に入っている or 情熱を傾けているのはどんなことか？
・得意な業務は何か？
・一番時間を使っている業務は何か？

「今の仕事は嫌で仕方がない。だから、書けることが何もない」という場合でも、最後の「一番時間を使っている業務」はあるはずです。それでもなお、浮かんでこない場合は、いったん部署名や職種を入れるだけにとどめておきましょう。この先の Step5「あなたができること」で、過去の仕事も含めて、あなたができることを掘り下げていきますので、そこで改めて考えてみましょう。

　次は Step4、いよいよ AMM サーチシートのキモとも言える中央の枠内を埋めていきます。

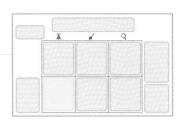

Step4
あなたの実績

仕事に関する実績がベストだが、プライベートの実績や経験でもOK

　ここからのステップは下段の左から右へ、そして上段の左から右へと横に移動していきます。まずは Step4 から Step7 を左から右に向かって記入していき、その後、上段の Step8 から Step10 を記入していきます。

AMMサーチシート

　それでは Step4、ここに「あなたの実績」を入れます。過去の仕事に関するものだけではなく、今やっている仕事での実績も含めて考えます。よくあるのは、「自分には実績なんて何もない」というもの

です。これは本当によくあります。しかし、そんな人でもよくよく聞いてみると、いろんな実績を持っているものなのです。探し方のコツをご紹介するので、リラックスして「あ、そういえば、こういうのがある！」という感じで探していきましょう。

　ここで実績を確認する目的は２つあります。１つは、「**あなたのスキル・技術、知識を客観的に証明できるもの**」を探すこと。もう１つは、次の Step5「**あなたができること**」を考える上でのヒントを見つけることです。実績があれば、それを踏まえて、「自分はこんなことができる」というコンセプトを見出しやすくなるからです。

　商品・サービスを売る場合でも、実績は証拠の役割を果たします。どんなにすごさをアピールしても、それが本当だと信じてもらえなければ、購入には結びつきません。この後のステップで、あなたの強みを再定義し、それをアピールしていきますが、その際に**強みが実績に裏打ちされていると、強力な証拠として機能します**。たとえ強みと直接的なつながりがなかったとしても、多少なりとも関連した実績があれば、「おそらく機能するんだろうな」という印象を相手に持ってもらえます。

　ただ、実績がないと絶対ダメかというとそうではありません。どんな人でも最初は実績ゼロからスタートします。ですので、「実績ゼロだから、次につながらない」ということではまったくありません。既に独立・起業している人はよくわかると思いますが、初めて有償で受注できたときは、大した実績もなかったはずです。

　特に商品・サービスの独自性が際立っている場合は、コピーライティングの世界で「アーリーアダプター」と言われる、「初期の段階

でも、品質や実績をそれほど気にせず購入する人」が一定数いるからです。

　また、実績を洗い出す際には、なるべくあなたの「スキル・技術、知識」に関するものを探しましょう。しかし、いきなり最初からそれを探しにいくと、手が止まってしまうので、はじめはブレーンストーミングのように、思いつくままに実績らしきものを片っ端から別紙に書き出してみるといいでしょう。そして、その中からあなたのスキル・技術、知識に関するものをピックアップして AMM サーチシートに記入するのがおススメです。

　実績を考えていく切り口には、大きく分けて次の３つがあります。

（１）仕事に関する実績
（２）プライベートでの実績
（３）スキル・技術、知識に関する経験

　まず、（１）の「仕事に関する実績」です。典型的な例としては、次のようなものがあります。

①社外の受賞歴……コンクールや競技会での入賞
②社内の表彰歴……○○賞受賞（個人ではなく職場の一員として受賞した場合も含めていい）
③商品・サービスの採用実績……あなたが開発した商品・サービスが著名なところに採用されている事実（誰もが知っているようなところや権威性が感じられるものだとなお良い）
④実績の数値化……例：○○（商品・サービス）を累計○○円売上 or ○○個販売

このうち最も難易度が高いのは①の社外の受賞歴で、比較的見つけやすいのは④の実績を数値化する方法です。

　では、理容師の例で考えてみましょう。

　理容師は「髪を切る」ことがメインです。ですから、やること自体は基本的に皆同じで、その人の技量のみが違いになります。とは言うものの、カットのコンテストで何かの賞を受賞し、それを差別化要因にするのは、なかなかハードルが高いものです。一方、次のような数値を考えるのは、どんな人でも比較的簡単にできるのではないでしょうか。

　例えば、3ヶ月くらいの実績を取ってみて、1日あたり3人のカットをしているとします。そうすると1ヶ月20日勤務だとしても1ヶ月に60人、1年だと720人のカットをしていることになります。理容師としての経験が3年ある場合、720人×3年＝2160人のカット実績があることになります。この場合、「理容師歴3年で2000人以上のカット実績」と表現できます。

　多く見積もるとウソになってしまうので、「少なくとも」これくらいの実績はあるというところから、堅めに見積もるといいでしょう。数字が「下駄を履いている」と、いざというときに後ろめたさを感じますが、堅めの数字であれば、自信を持って言うことができるはずです。

　また、昨今は副業での実績もあるでしょう。中には、本業では実績と呼べるほどのものはないけれど、副業ならあるというケースもある

かもしれません。その場合は、副業の実績でも OK です。

　次に（2）の「プライベートでの実績」です。仕事以外のプライ
ベートの趣味や、地域での活動など、幅広く考えてみましょう。（1）
の「仕事に関する実績」がいくつか出てくるなら、無理に広げて探す
必要はありませんが、仕事に関して実績というほどのものが見つから
ない場合には、仕事以外から探しましょう。趣味やスポーツ、地域活
動などで言うと、例えば、次のようなものです。

・○○県テニストーナメントダブルス３年連続優勝
・振り込め詐欺を防いで、○○県警から感謝状をもらった

　このような仕事以外の実績は、能力と市場のマッチングには関係が
ないのではないかと思われるかもしれません。しかし、一見何のつな
がりもないように思える実績が、実は Step5 の「あなたができるこ
と」につながっているケースがよくあります。また、中には仕事以外
で顕著な実績を多く持つ人も、たまにいます。その人は、強みが今ま
たは過去の仕事の中にはなくて、仕事以外のところに眠っていたと言
えるでしょう。

　特に、社会人１、２年目くらいの人は、仕事での実績と言っても、
なかなか見つからない場合が多いでしょう。その場合も仕事以外の実
績を探すことになります。ただ、学生時代から実績を探す場合でも、
スキル・技術、知識を意識してください。例えば、「高校時代にサッ
カー部のキャプテンだった」は実績と言えますが、もう少し掘り下げ
て考えます。例えば、「練習時間が長時間で退部希望者が大量に出た
が、キャプテンとして練習時間の変更を顧問と協議し、その結果、大
量の退部希望者を思いとどまらせた」。こういう感じだと、リーダー

シップや交渉力の証拠として使えるでしょう。

　最後に（3）の「スキル・技術、知識に関する経験」です。例え
ば、「製紙業の原価計算を4年担当」や「アパレル業における新規ビ
ジネスモデルの構築を5年担当」などです。これらだけでも確かに実
績と呼べますが、さらに発想を広げて考えることもできます。例え
ば、「製紙業の原価計算を担当している間に、社内の原価低減で〇%
コスト削減した」というような実績はないでしょうか？　自分1人で
はなく、チームや部署単位での取り組みであったとしても、主体的に
取り組んだのであれば、それは実績と考えることができます。

　いろいろ探しても実績と言えるものが本当に何もない場合は、いっ
たんこのステップはブランクにして、後からもう一度考えましょう。

Step5

あなたが
できること

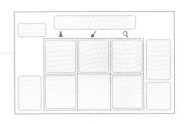

今の仕事、過去の実績（仕事）を踏まえ、あなたができることは何か？
最終的に、「ズバリ〇〇できる or 〇〇すること」と記入

　このStep5では、Step3「今の仕事」とStep4「あなたの実績」を
踏まえ、「あなたができること」を掘り下げていきます。Step5は、
この後のステップの土台になってくる重要な部分です。

　このステップは大きく2段階に分かれます。

（1）「できること」を複数アウトプットする
（2）（1）の中から最もインパクトがあり、Step2の「最高の仕事」
　　　に近いものを1つ選び、「ズバリ〇〇できる or ズバリ〇〇する
　　　こと」と表現する

　まずは、「できること」を複数アウトプットしましょう。ここも穴
埋めテンプレートにしています。

〇〇できる or 〇〇すること

・難解な論文を読み解き、わかりやすく解説できる
・正しい身体の使い方を教えられる
・ややこしく錯綜した事態や状況をわかりやすく整理すること
・将来の状態をシミュレーションすること

まず、基本的に仕事をしている人で、「できることがまったく何もない」ということは考えにくいです。社会人になってまだ1ヶ月というような、仕事の経験が浅い人は別ですが、たいていは「こういうことができる」というものが何かあるはずです。

　Step4の「あなたの実績」から「できること」が導き出せればベストです。自分ができると思っていることが、客観的に証明できるからです。しかし、実績を伴う顕著なものはなくても、「自分はこれができる！」と明確に定義できるものがあれば、それでOKです。大きく構えて、人に自慢できるような飛び抜けた何かを探そうとすると行き詰まってしまいますが、ここでは実績や他の人にはできないことという観点はいったん脇に置いて、スキル・技術、知識の観点で「自分ができると思うこと」を探してください。

■「できること」が見つかる5つのアプローチ

　もし、自分ができることがうまく見つからない場合は、次の5つのアプローチ法で探してみてください。5つ全部をやる必要はありません。自分に合いそうなもの、できそうなものを選んでやってみてください。

アプローチ①：投下時間法
アプローチ②：視野拡大法
アプローチ③：スケールアップ法
アプローチ④：ポテンシャル発掘法
アプローチ⑤：ダンプアウト法

　それぞれ具体的に説明しましょう。

アプローチ①：投下時間法

　まず①の投下時間法です。これは、「**今、あるいは過去にあなたが最も時間をかけている（いた）のはどんなことか？**」を考える方法です。あなた自身に自覚はなくても、人よりも時間をかけている（いた）ことは、「他の人にはできない＝あなたができること」である可能性があります。

　例えば、仕事上でエクセルを使うことが、普通の人よりも明らかに多い場合、普通の人はなかなか使わないような関数がラクに使えるということはないでしょうか？　あるいは、効率化のため、数多くのショートカットキーを使いこなしているかもしれません。ちょっと詳しいくらいだと難しいですが、あなたが当たり前にやっていることが、実は当たり前ではなく、「立派な専門家」だということもよくあるので、そういう視点で探してください。

　基本的にプロと呼ばれる人は、そのことに費やしている時間が半端なく多いものです。よく「１万時間の法則」と呼ばれたりしますが、時間＝量が一定水準を超えると、質的な転換をもたらすとよく言われます。

　だから、プロと呼ばれる人は、他の分野のプロによく仕事を頼む傾向があります。それは、自分が他の分野のスキルや知識を身につける大変さを理解しており、自分でその時間を使うより、他の人の力（時間）を借りるほうが効率的なことをよく知っているからです。

アプローチ②：視野拡大法

　次に②の視野拡大法です。これは、Step4 の「あなたの実績」のところでもやったように、**仕事以外のプライベートなことも含め、視野**

を広げて探す方法です。仕事では目立った活躍をしているようには見えなくても、地域活動や趣味の領域で、他の人にはなかなか真似のできない「できること」を持っている人もいます。

　例えば、町内の自治会長を長くやっていて、住民や行政との交渉に慣れているという人もいます。そういう人は立派な「調整能力」を持っていたりするものです。油絵で人物画が非常に美しく描けるということでもいいでしょう。そういう観点で、とにかく「できる」と思うことを探し出してください。

アプローチ③：スケールアップ法

　次は③のスケールアップ法です。ひと通り「できること」をひねり出してはみたものの、何か平凡な感じがして、しっくりこないという場合に使えるのがこの方法です。

　例えば、輸入車の販売会社に勤めていて、「BMWの新車を売ることができる」という「できること」が出てきたとします。これだと少々ありふれた印象です。ここから、もう少し考えてみると、「そういえば、顧客はキャッシュで買ってくれる人が多く、どの人とも長い付き合いがある」ということに気づいたとします。そこから、「その顧客は富裕層で、あなたは高級品販売のネットワークを持っている」ということが言えるかもしれません。そうすると、BMWではなくても、他の高級車や、宝飾品、美術品などを売ることができるでしょう。このように、**もう一段階掘り下げることで、ひと回りスケールアップした概念での「できること」が見つかる可能性**があります。

アプローチ④：ポテンシャル発掘法

　そして④のポテンシャル発掘法です。これは「**あなた自身がラクラ**

クと、あるいはやすやすと、苦もなくできることは何か？」を考えて
みる方法です。

　例えば、

・細かな作業を長時間継続すること
・グループの場を盛り上げること
・初対面の人と長時間話せること

　などです。
　このアプローチは一般的な強みを発見するときと同じ手法です。自
分では自然にできてしまうがゆえに気づきませんが、そういうものの
中に、他の人にはできない＝あなたならではの「できること」が潜ん
でいる可能性があります。

アプローチ⑤：ダンプアウト法

　最後に⑤のダンプアウト法です。これはとにかく思いつくままに、
書き出す方法です。ここでのポイントは、実際にペンで手書きした
り、パソコンに打ち込んだり、文字にして「書き出す」ことです。頭
で考えているだけではなく、実際に書いてアウトプットすることに意
味があります。

　このダンプアウト法の中でも究極の方法をご紹介しましょう。それ
は「できること1000」です。これはハードなので、滅多にやる人は
いませんが、私、衣田が実際にやってみて、効果が絶大だったので、
「やってみたい！」と思う人はぜひトライしてみてください。やり方
は簡単です。

①エクセル、スプレッドシート、ナンバーズなど、表計算ソフトを用
　意する
② 100 行×10 列のセルを作る
③そこに自分のできることを 1000 個書き出していく

　最初は 30 個くらいしか埋まらないかもしれません。でもそれで
OK です。そこから 1 つのことを細分化していくのです。例えば、
「エクセルが使える」だと 1 個にしかなりませんが、エクセルのどん
な機能を自分は使えるのかをできるだけ細かく書いていくのです。そ
して「行挿入ができる」「四則計算ができる」(場合によっては足し
算、引き算、掛け算、割り算と 4 つにしてもいいでしょう) などと、
書いていきます。そこから「グラフが作れる」という考えが出たとし
ます。すると、棒グラフ、円グラフ、複合グラフなどと細分化できま
す。他にも「ピボットテーブルで表が作れる」というのも出てくるで
しょう。

　このように無理やりにでも書き出していると、「そういえば、こん
なこともできる。あんなこともできる」と、今まで意識していなかっ
た「できること」が出てくるのです。

　ちなみに私、衣田が初めて書いた「できること 1000」が、右の表
です。小さくてほとんど見えませんが、100 行×10 列で 1000 個埋め
ています。

　苦しまぎれのものもたくさんあります。例えば、「○○について語
れる、説明できる」というものが結構あります。とにかく無理にでも
絞り出していると、そのうち、ある特定の分野のことがたくさん出て
くることに気づきます。私の場合は「細かな作業を根気強く続け、分

「できること1000」（衣田作成）

（表：「できること1000」リスト）

析して傾向を見出すこと」に関連することがたくさん出てきました。そしてそれが「自分ができると思うこと」を考える上で大きなヒントになりました。

　以上、「自分ができること」がなかなか見つからない場合のアプローチ法として、投下時間法、視野拡大法、スケールアップ法、ポテンシャル発掘法、ダンプアウト法の5つをご紹介しました。

　これらを踏まえて、「あなたができること」を複数書き出したら、その中から1つ選んで、次の穴埋めテンプレートを埋めてください。

ズバリ〇〇できる or 〇〇すること

　いくつかの項目を組み合わせて1つの「できること」として定義するのもOKです。ズバリと絞り込む際には、最もインパクトがあり、かつStep2の「最高の仕事」に近いものを選んでください。

記入例

- ・ズバリ、複雑なエクセルの関数式を覚えやすく、わかりやすく解説できる
- ・ズバリ、みんなが嫌がるもめ事に関して、双方が納得のいく形で落とし所を見出すこと
- ・ズバリ、富裕層顧客のネットワークを活かし高級品を販売できる
- ・ズバリ、どんな世代の人とでも、初めて出会ってから5分以内に打ち解けること
- ・ズバリ、複雑に絡み合った状況を解きほぐし、問題の核心を見出すこと

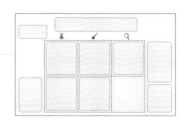

Step6
最高の仕事に
不足しているもの

最高の仕事を実現するために不足しているものは何か?

　あなたは、「現状を変えたい、新しいことを始めたい」と思いながらも、どこか重い鎖でつながれていて、思うように動けない感じがすることはありませんか?　新しいことが好きな人でも、サッと取り掛かることはできるのに、すぐに元の状態に戻ってしまうことはよくあります。あなたにも思い当たる節があるかもしれませんが、これはあなただけの問題ではないのです。

　これには、行動経済学の「**現状維持バイアス**」が強く影響しています。行動経済学とは、従来の経済学では説明しきれなかった、人間の非合理的な意思決定のメカニズムを分析する学問です。2002年のダニエル・カーネマンのノーベル経済学賞受賞、2017年のリチャード・セイラーのノーベル経済学賞受賞以降注目されている学問です。

　その行動経済学の理論の1つに「現状維持バイアス」があります。簡単に言うと、「人は変化につながる行動はなかなか起こさない傾向がある」ということです。やろうとしていてできなかったり、やめようと思っているのにやめられなかったりすることも含まれます。人によって程度の差はあっても、現状維持バイアスはかかります。

　私、衣田も最初に「会社員を続けていくのは難しいので、違う仕事を探さなければ」と考えてから、実際に退職・独立するまで9年かかりました。もう少し細かく言うと、頭で考えている段階から、いよい

よ何かやらなければと実際の行動に移すまでに7年かかり、そこから2年でようやく独立しました。このように何か新しいことを始める際に、現状維持バイアスは大きな足かせになるのです。

　このStep6では、**現状維持バイアスの原因となる「あなたの進展を阻むもの」**を考えます。Step2で定義した「最高の仕事」を実現しようとしたときに「不足しているものは何か？」と考えます。障害となるものという視点でもいいでしょう。
　あれが足りない、これが足りない、あれがあるからできない、などです。一歩踏み出す勇気がないというのもあるでしょう。

　もし、不足しているものや障害となるものが何もないのであれば、その最高の仕事は既に実現しているか、実現に向けて順調に進んでいるはずです。そうでないならば、なんらかの不足、障害、課題があるはずなので、それを考えてみましょう。

　参考までに、いくつか代表的なものをあげておきます。

・会社の理解（許可）がない
・スキル習得の時間がない
・開業資金がない
・設備をそろえるお金がない
・協力者がいない

　あまり堅く考えずに、文句や言い訳を言う感覚でOKです。「何かありそうだけど、うまく言葉にならない」という場合は、「だって……」「そうは言うものの……」などの言葉の続きを考えてみると、すんなり出てくることがあるので、試してみてください。

Step7
不足の解消

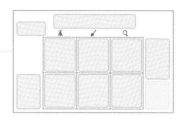

今あなたが既に持っているもので、その不足が解消できるとしたら、それは何か？

さて、Step6でいろいろと足りないものが出てきたと思います。Step7「不足の解消」では、次の問いを考えてください。

「Step6であげたものは、一見不足しているように見えるけれど、あなたが既に持っているもので、その不足が解消できるとすれば、それは何か？」

仮に自分では持っていない場合でも、人に借りるという方法もあります。例えば、中国でビジネスを展開したいが中国語の語学力が不足しているという場合、中国語のできる友人・知人を頼ることで解消できるでしょう。友人・知人でなくても、通訳を雇うことでも解消できるはずです。「最高の仕事」を実現するために不足しているものを、全部自分で用意する必要はありません。パートナーを見つけることで、解消する方法も考えてください。

ここでのポイントは「できるとしたら……」です。「今の自分には不足している。だから無理」と考えてしまっては、思考が止まってしまいます。「できるとしたら」と自分に問いかけることで、新たな可能性が見えてくるのです。

例えば、資金が足りない場合だと、借りることで不足が解消できます。「いやいや、簡単に借りられないから困るんです」と思われるか

もしれませんが、あなたの「こういうことをやりたい」というビジョンと、「あなたの価値」が伝われば、借りることができるのではないでしょうか？　このように「できるとしたら」とポジティブに考えてください。参考までに、不足しているものの典型例と、それを解消する方法を以下にあげておきます。

不足の典型例	解消例
お金、スペース	借りる
設備などモノ	譲り受ける
スキル・技術、知識	人に頼む
人脈、実績、経験	なくても気にしない人を探す
時間	捻出する
リーダーシップ、カリスマ性	あると思い込む
覚悟・気合などメンタル	自分を信じる

　さあ、現状維持バイアスが取り除けたところで、次章ではチャートの上の段に移っていきましょう。

第 4 章

あなたの市場価値を高める
4つのプロセス

Step8

他者との比較

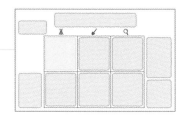

> Step5「あなたができること」が他の人と違っている点や容易に真似できない点は何か？　最終的に「○○の点が他と違う」と記入

　さて、チャートの上段、Step8 に移り、いよいよ核心に入っていきます。ここからは、Step5 であげた「あなたができること」の市場価値を高めていくプロセスです。

　まず、Step8「他者との比較」です。Step5 で「あなたができること」を「ズバリ○○できる or ○○すること」と表現しました。それについて、ここでは、次のことを考えます。

　あなたができることが、他の一般的な人と違っている点 or 容易に真似できない点は何か？

　最終的に見つけたいのは「**他者との違い**」です。ただ、いきなり「他者との違い」を見つけようとすると難しいので、最初は、自分と他者を比べるところから始め、その過程の中で「違い」を見つけ出していきましょう。

　「他者との比較」では、コピーライティングにおける「**ポジショニング**」という考え方が役に立ちます。ポジショニングとは、市場における位置づけのこと。と言っても、単に「シェアが何位」ということだけではありません。「他社あるいは他社の商品・サービスと比較して、どのように自社あるいは自社の商品・サービスを違ったものとして位置づけるか」を考えることでもあります。

　似たような商品・サービスがあふれている現在、**顧客に他社のもの
ではなく、あなたが売るものを選んでもらうためには、他との違いを
はっきりさせておく必要があります。**商品・サービスに他との違いが
なければ、選ぶ基準は価格だけです。価格すら他と顕著な違いがなけ
れば、顧客の購買検討の俎上にすら載りません。

　家電量販店のように、扱う商品・サービスに他店との違いが見出せ
ない場合は、付帯するサービスで違いを出せないか考えます。例え
ば、保証期間やオンラインショップでの送料などです。

　一方、商品・サービスに明確な「違い」があって、他では代替でき
ず、さらに入手しにくいとなれば、価値が高まります。つまり、**「違
い」は「稀少性」にもつながるのです。**

　言うまでもなく、価格は需要と供給のバランスで決まります。供給
量よりも需要量が上回れば価格は上がります。「フェラーリには需要
よりも一台少ない数を作るという絶対の社訓がある」(『ストーリーと
しての競争戦略』楠木建著、東洋経済新報社)そうですが、これに
よってフェラーリは、稀少性を担保しているのです。

　商品やサービスと同様に、**個人のキャリアでも需給バランスが大き
く影響**します。他の多くの人も持っているようなスキル・技術、知識
だと、市場価値は上がりません。そのため、この Step8 において、
ポジショニング、つまり「**あなたのスキル・技術、知識をどのように
市場で違ったものとして位置づけられるか?**」を考えることは、非常
に重要なポイントになります。

ポジショニングを考える上での切り口にはさまざまなものがあります
が、ここではキャリア開発にそのまま通じるものを３つご紹介しま
す。それは、独自性、専門性、優位性です。これら３つの切り口の概
略をまとめたものが、次の表です。

切り口	アプローチ	市場における位置づけ
独自性 （USP）	他にはない独自の要素は何か？ （他にはないスキル・技術、知識）	他の人ができないことをやる
専門性 （ニッチ）	特定の分野に特化する 〇〇専門	あまり人がやらない （やりたがらない）ことをやる
優位性	独自ではないが、他よりも優位な要素はないか？	誰にでもできることを、誰にもできないレベルでやる

それぞれ詳しく見ていきましょう。

　まず、独自性です。これは、他に同じものがない、あなたならでは
のユニークなスキル・技術、知識のことです。独自性がはっきりして
いれば、客観的にも他者との違いがわかりやすく、価値も高まりま
す。表の「市場における位置づけ」で言うと、独自性とは「他の人が
できないことをやる」になるので、当然、難易度は高くなります。ち
なみに独自性のことをコピーライティングでは、USP と呼びます。
USP とは、ユニーク・セリング・プロポジションの略です。この独
自性が差別化においては最も強力なポジショニングになります。

　次に専門性です。これは同じようなスキル・技術、知識は他にもあ
るけれど、特定の業界や分野に特化することで、その業界・分野に最

適な対応が可能になる点を差別化要因として打ち出すアプローチです。例えば、税理士であれば、「建築・建設業専門」にするというイメージです。この特定の分野に特化することを、コピーライティングでは「ニッチ」と呼びます。ニッチというのは、隙間という意味で、他の人があまりやっていない隙間となっている市場のことです。表の「市場における位置づけ」で言うと、「あまり人がやらない（やりたがらない）ことをやる」ということです。

　そして、3つ目は、優位性です。差別化を考える上で、最も構築しやすいのがこの優位性です。インパクトとしては独自性のほうが圧倒的に強いのですが、独自性を構築するのはなかなか難易度が高いです。そこで、独自ではないが、他よりも優位だと言える点にフォーカスするのです。表の「市場における位置づけ」で言うと、「誰にでもできることを、誰にもできないレベルでやる」ということです。この度合いが強くなればなるほど、優位性としてのインパクトは強くなります。

　これら独自性、専門性、優位性の観点に基づきながら、「あなたができること」のポジショニングを見出していきましょう。その際に、次の4つのアプローチ法を活用するとより見出しやすくなります。

アプローチ①：独自のネーミングをする
アプローチ②：2つまたは3つの要素を掛け算する
アプローチ③：トータルパッケージ化をする
アプローチ④：コピーから考える

　1つずつ説明しましょう。

■アプローチ①：独自のネーミングをする

　あなたが持っている「できること」＝能力に、独自のネーミングができないかを考えます。 例えば、「中小企業の経営コンサルティングができる」能力があったとします。ただ、中小企業の経営コンサルティングができる人はヤマほどいます。何が問題なのか本質を見抜くのが得意だとしても、そのような能力を持つ人は他にもいます。これではなかなか差別化が図れません。そこで、何が問題なのかを見抜くプロセスをメソッド化して、独自のネーミングをするのです。

　例えば、コンサルティングの際に問題の核心をあぶり出す手法を「コアリヴィール（Core Reveal）」と名づけます。実際、このコアリヴィールは私、衣田の登録商標で、独立前に出願・取得したものです。このように独自のネーミングをすることで、違いを打ち出すことができます。

　この例でもわかるように、差別化要因を考える際に、「あなたができること」の「目的」に独自性を見出そうとすると、なかなか難しいケースが多くあります。例えば、「売上が上がる」「お金が儲かる」「やせる」など、目的は突き詰めると、得てして同じものになってしまうからです。そうした場合は、その「手段」（前述の例で言えば、コアリヴィール）のほうに差別化要因を見出すと良いでしょう。

■アプローチ②：２つまたは３つの要素を掛け算する

　例えば、大手金融機関に勤務しながら、副業でウェブデザイナーをやっている人がいました。この人の場合は「**大手金融機関勤務経験×**

ウェブデザイナー」という**掛け算での表現ができます。**大手金融機関に勤務経験のある人はごまんといます。ウェブデザイナーもたくさんいます。それぞれ単体では差別化要因にはなりませんが、掛け合わせることで、「金融機関に特化したウェブデザインが得意である」という独自性を表現し、さらに稀少性を打ち出すことができるのです。

■ アプローチ③：トータルパッケージ化をする

次はトータルパッケージ化です。「できること」が複数あり、それを掛け算してもインパクトが出ない場合、**全部をまるごとまとめてトータルパッケージで対応できることに差別化要因を見出す**方法です。

例えば、こんな事例があります。20代のマーケッターの人で、AMMサーチシートにおける「あなたができること」は、次のような内容でした。

・ウェブ広告の運用ができる
・ソーシャルセリング（SNSを使ったセールス）ができる
・コピーライティングができる
・企画のPDCAが回せる
・組織を超えてチームをまとめることができる

本人にも自覚がありましたが、各能力1つずつは、飛び抜けたものではなく、できる人は他にもいます。かと言って、どれか2つを選んで掛け合わせても目立つインパクトは出せません。しかし、この人は、マーケティング施策を幅広く経験しており、また企画力もあり、組織をまとめ動かす力もあります。つまり、まとめると、「マーケ

ティング関連のプロジェクトマネジメントで成果を上げることができる」と再定義することができるのです。

この人の場合は、Step2の「最高の仕事」には、「ありがとう。あなたがプロジェクトリーダーでとても嬉しかったよ！」という言葉があり、プロジェクトリーダーとして活躍することを志向していたので、「トータルパッケージ化」によって自分の強みをはっきり確認することができました。

また、このトータルパッケージ化には、「プロセス全体を1人で見ることができる」というメリットもあります。ある投資コンサルタントの事例です。この人は、経験も実績も豊富で、定年後は個人で活躍するために新しいキャリアを模索していました。ただ、やろうとしていることは、大手のコンサルティング会社とも競合するので、当初はなかなかポジショニングが難しい感触でした。

しかし、AMMサーチシートを進めていく中で、大手は各プロセスの専門家が分業で担当しているのですが、この人の場合は、「1人で全プロセスを一気通貫で見ることができる」という強みが浮かび上がってきました。そして、大手の分業制ではどうしても避けられないサービスの抜け漏れを防げたり、全体最適の考え方から投資判断できる点に自分の優位性が見出せることがわかりました。これもトータルパッケージ化の一種と言えます。

■ アプローチ④：コピーから考える

これは、アプローチ①〜③も含め、**個人の能力のポジショニングを表現するコピーをヒント**に考える方法です。

　次の表は、ポジショニングを考える際に使えるコピーのパターンと
その切り口をまとめたものです。

コピー例	切り口
○○一、No.1	No.1カテゴリーを探す
○×○、いいとこ取り	特徴を掛け合わせ独自化する
○○流、○○式、○○理論	独自メソッド化する
まるごと(まるっと)、システマチック	トータルパッケージ化する
新しい、新常識、非常識、常識を超える、知られざる、盲点	普通の人が気づかない視点
○○向け、○○のための、プレミアム	ターゲットを明確にする
速攻、時短、○分で	速さ(早さ)にフォーカス
コスト削減、半分の、最短距離	効率、コスパにフォーカス

(『売れるコピーライティング単語帖』を元に作成)

　それぞれ詳しく説明しましょう。

「○○一、No.1」

　これは、**No.1と言えるところまで、カテゴリー自体を小さくする
方法**です。例えば、世界一ではないが、日本一であるとか、日本一で
はないが県なら No.1 であるとかです。さらに県でも難しければ市区
町村のカテゴリーに絞ってみます。あるいは、分野で絞ります。例え
ば、外食産業というくくりではなく、和食、さらには里芋の煮物料理
というように分野を限定するのです。これは先ほどのニッチの考え方
と同じです。このようにすると、「○○一」や「○○で No.1」と言え
るポジショニングが見つかる可能性があります。
表現例：ホンダ車の売上台数静岡県で No.1、社内一の海外出張回数
　　　　など

ただ、地域で絞るやり方には注意が必要な点もあります。それは絞れば絞るほど、地域密着のイメージが強くなる点です。地域密着型を志向するなら効果的ですが、そういう意図がないのであれば、絞り込むと逆効果になる場合もあります。

　No.1 と言えるまで、カテゴリーを絞り込むアプローチの逆で、カテゴリーを大きくする方法もあります。Amazon は、ネット書店というカテゴリーを通販全般と捉え成長しました。Uber もタクシー業界を、物流業界と大きく捉えることで事業領域を拡大させたのです。このように市場を大きく捉えることが成長のきっかけになることもあります。小さいカテゴリーでは圧倒的に No.1 で、もう少しカテゴリーを広げると No.3 になってしまうとしても、大きなカテゴリーで No.3 のほうが、インパクトが出る場合もあります。

「○×○、いいとこ取り」

　これは先ほど紹介した、**いくつかの能力を掛け算する方法**です。少し違う発想では、掛け合わせることで、「何かと何かのいいところを両方持つ」という違いを作り出せるといいでしょう。
表現例：大手金融機関勤務経験×ウェブデザイナー、人当たりの良さ
　　　　と緻密さのいいとこ取りなど

「○○流、○○式、○○理論」

　これも先ほどのネーミングと同じ発想です。○○の中には、自分の名前を入れたり、大学など自分が学んだ学校や機関などを入れたりすることができます。実はこのアプローチには見えない効果があります。それは、独自メソッド化しようと考えることで、自分なりのメソッドを確立できることです。最初からメソッドが確立していればいいのですが、メソッド化しようとして、自らの方法論を整理すること

で初めて、メソッドが確立するケースも多々あります。

表現例：山下流 Twitter 広告運用、東大式記憶力強化術、独自開発の
　　　　U カーブ理論など

「まるごと（まるっと）、システマチック」

これも先ほどの**トータルパッケージ化**と同じ**発想**です。少し違う切り口としては、バラバラになっているものを統合し、システマチックに構築する方法もあります。

表現例：Twitter で集客したいならまるごとお任せください、システ
　　　　マチックなプロジェクト管理が持ち味など

「新しい、新常識、非常識、常識を超える、知られざる、盲点」

これは、**今までになかったものとして、打ち出す方法**です。「新」を使う場合は、過去にないことが条件になりますが、「新常識」「非常識」や「知られざる」「盲点」などは、見落とされているポイントにフォーカスすることで優位性を見出すことができるアプローチです。

表現例：ChatGPT 活用の新常識、非常識な ChatGPT 活用法、
　　　　ChatGPT 活用の盲点をカバーするライティング技術など

このように同じ話題でも、使う言葉が違うと印象が変わってきます。

「〇〇向け、〇〇のための、プレミアム」

これは、**対象となる人＝ターゲットを明確にする**というアプローチです。初心者に特化するのか、ベテランに特化するのかなどで差別化するわけです。ターゲットのレベル感だけでなく、業種業界で絞る方法もあります。他には、「プレミアム」のように価格にフォーカスした方法もあります。

表現例：中国赴任者向け速習中国語会話、ウェブライターのための AI

活用法、美容サロン向けのプレミアムなウェブデザインなど

「速攻、時短、〇分で」

　これは、**速さ（早さ）にフォーカスする方法**です。他の人よりも、速く（早く）できる点に差別化要因を見出そうというアプローチです。普通の人が10日かかるところを、5日でできるなどです。

　まったく逆の発想で、あえて時間をかけて丁寧にすることで、他よりもクオリティが高くできる点にフォーカスする方法もあります。手作り、手作業、ハンドメイドなどはこの部類に入ります。
表現例：大手コンサルティング会社が3ヶ月かける新規ビジネスモデル構築を15日で速攻対応、会議の時短に効果的なファシリテーションメソッドなど

「コスト削減、半分の、最短距離」

　これは、**効率やコストパフォーマンスに違いを見出す方法**です。目的にも手段にも差別化要因は見出せないけれど、効果に差別化要因を見出そうという発想です。
表現例：中小企業の決算書類作成で従来比20％コスト削減ができる、ロゴデザインにかかる平均的な工期を半分の〇日で対応など

　以上のような観点およびアプローチ法を通じて、Step5であげた「あなたができること」の差別化要因を明確にするために、次の穴埋めテンプレートを完成させてください。

〇〇の点が他と違う

・問題の核心をあぶり出す「コアリヴィール」という手法を、コンサ
　ルティングに取り入れている点が他と違う
・大手金融機関に特化したデザインができる点が他と違う
・マーケティングの実務を熟知した上でプロジェクトをトータルでマ
　ネージできる点が他と違う

　Step5「あなたができること」と Step8「他者との比較」が AMM
サーチシートの最大のヤマ場です。どうしてもこの段階で違いがうま
く見出せない場合は、いったんここはとばして、次の Step9 に進ん
でください。

Step9

それは
何がいいのか？

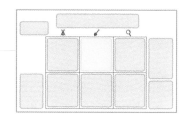

Step5 の「あなたができること」には、「どんないいことがあるのか？」を
テンプレートに沿って記入

　さあ、だいぶ整理できてきました。この Step9 では、Step5 で「ズ
バリ○○できる or ○○すること」と定義した「**あなたができること**」
には、「どんないいことがあるのか？」「それは何がいいのか？」を考
えます。

　この「どんないいことがあるのか？」「何がいいのか？」というこ
とを、コピーライティングでは「**ベネフィット**」と呼びます。一般的
にはメリットと言われますが、コピーライティングでは、「商品や
サービスの強み」と「顧客にとってどんないいことがあるか？」を明
確に区別するために、後者はベネフィットと呼ばれています。ベネ
フィットはコピーライティングにおける最重要ポイントの 1 つです。

　ここに、それがどんな商品・サービスであろうと、私たちが知って
おくべき 1 つの真実があります。

　顧客は商品・サービスそのものがほしいわけではない。
　それを買った結果得られるものがほしい。
　売るべきなのは、商品・サービスではなく、ベネフィットである。

　多くの人は商品・サービスの持つ特徴を声高に叫びたがります。自
分の商品はこんなところがすごいんです、こんなところもすごいんで
すと。しかし、顧客にとっては、「だから何？」なのです。「**その特徴**

があることによって、**顧客にとって、何がいいのか？**」。これがベネフィットです。商品・サービスの特徴とベネフィットの違いを具体例で見てみましょう。

商品・サービス	特徴	ベネフィット
一戸建て住宅	内装に特殊素材を使っている	高気密・高断熱が安価に実現でき、少ない光熱費で夏は涼しく、冬は暖かく過ごすことができる
ウェブサイト分析	サイト訪問者のマウスの動きが可視化できる	よく見られている箇所と見られていない箇所が一目瞭然なので、ウェブサイトを的確に改善でき、売上アップできる

　コンサルタントや士業、各種講師のように、スキル・技術、知識を提供する場合には、特に注意が必要です。例えば、私たちはコピーライティング講座を主催していますが、「この講座で短期間にコピーライティングが学べる」というのはベネフィットにはなりません。ごく一部の人を除いては、「コピーライティングそのものを学びたいわけではない」からです。コピーライティングを学んだ結果得られるもの＝自社の商品・サービスの魅力を伝え、売上を伸ばせるようにしたいのです。これがベネフィットです。

　ベネフィットについてわかったところで、Step9では、以下の穴埋めテンプレートでベネフィットを表現してください。まず、理想的なパターンは次の通りです。

〇〇（差別化要因）なので、〇〇することができる。
その結果、〇〇することができる

　はじめの「〇〇なので」の部分にStep8の「他者との比較」を入

れます。つまり「こういう違いがあるので、こういうことができる」ということを表現するのです。

Step5：ズバリ反応率の高いサムネイル画像が作れる
Step8：作りたいイメージをヒアリングして業界最速の〇時間で納品できる点が他と違う

↓

ベネフィットの表現：業界最速の〇時間で納品できるので、短時間で新しいサムネイル画像を作ることができる。その結果、広告画像のテスト改善が迅速にでき、広告効果を高めることができる

　このように「〇〇なので」の部分に差別化要因が入れられればベストですが、この段階で、まだうまく差別化要因が見出せていない場合は、次のような表現でもOKです。

私は〇〇できるので、あなたは〇〇することができる

私は反応率の高いサムネイル画像を作ることができるので、あなたは広告の費用対効果を高めることができる

　つまり、あなたの「できること」が相手にとってどのように役立つのか＝ベネフィットを表現します。

　ベネフィットでよく混乱するのが、子供向けの商品・サービスなど、「使う人」と「買う人」が違うケースです。どういうことか、学習塾のケースで具体的に見てみましょう。

　小学生を対象とした学習塾の場合、学習塾を実際に利用するのは小学生ですが、小学生がお金を出すわけではありません。買う人＝お金を出してくれる保護者≒親です。ということは、学習塾を売るためには、小学生とその親の両方のベネフィットを想定することになるわけです。

「この学習塾に通うと、ゲーム感覚で勉強ができ、子供が自発的に勉強するようになる。その結果、『勉強しなさい！』とうるさく言わなくても済み、親子関係が良くなる」

　このように、使う人と買う人が違う場合は、両方のベネフィットを想定する必要があります。

　また、会社員の場合、その商品・サービス自体に対する顧客のベネフィットに加えて、会社にとってのベネフィットや、あなたのアイデアを採用する人のベネフィットも想定しておきましょう。

　あなた、またはあなたのアイデアを起用（採用）することで、顧客にどんなベネフィットがあるのか？　同時にそれは会社や組織にとってどのようなベネフィットがあるのか？　場合によっては、あなたやあなたのアイデアを起用（採用）するかどうかを決める人（上司や担当者）にとって、どんなベネフィットがあるのかも考えておく必要があるのです。

　このように、「自分にとっていいこと」をいくら考えていても、売れる要素にはならないので、「顧客にとって何がいいのか？」を考えるわけですが、さらには、もっと広い視野でステークホルダー（ここでは関係する人ぐらいの意味で捉えてください）のベネフィットも想定できるようになれば上級者です。

Step 10

最も価値を
享受できる人は？

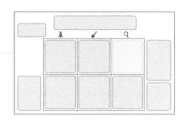

Step9の価値を最も享受できると思われるのは、どんな人（or 会社）か？
「○○に悩む○○な人 or ○○したい○○な人」と記入

　ここでは、Step9で定義した「価値＝ベネフィットを最も享受できる人は、どんな人か？」について考えます。これが、**能力と市場とのマッチングをする箇所**であり、**市場価値を見極める部分**になります。

　ここでは、「価値を享受できる人」という観点と「お金を出してくれる人」という観点の２つが必要になります。両者が同じである場合には問題はありませんが、Step9でも解説したように、「価値を享受できる人＝お金を出してくれる人」とは限りません。先ほどの例で言えば、学生や子供向けの価値提供の場合は、価値を享受できるのは学生や子供ですが、お金を出してくれるのは、学校や保護者になります。

　素晴らしい能力があり、その能力が他にはないものであり、素晴らしい価値を提供できるとしても、お金を出してくれる人がいなければ、市場性がないということになります。その場合は、趣味やボランティアの領域になってしまい、お金を稼ぐキャリアとしては成立しません。**あなたの強みや才能も、それを必要とし、お金を出してくれる人を見つけることが、市場性を高める大前提**になります。

　「エスキモーに氷は売れない」はコピーライティングでよく出る例えです（「イヌイット」ではないかという指摘があるかもしれませんが、コピーライティングの世界で昔から用いられる有名な例えとして、こ

こでは「エスキモー」と表記しています）。かき氷を売るなら、エスキモーに売るより、ハワイのビーチにいる人に売るほうが売りやすいに決まっています。同じものでも、売る相手によって売れるか、売れないかがまったく違ってきます。実際にはこんな単純な構図ではありませんが、「あなたの能力を必要とする人はどんな人か？」を考え、「最適な人」に提供することで、市場価値は高まるのです。

　この最適な人を見極めるために必要なアプローチは、「**ターゲットを絞る**」ことです。コピーライティングのことを知らずに売ろうとする人は、つい「いろんな人に買ってほしい」と考えてしまいます。この考えで売ろうとすると、コンセプトがぼやけてしまい、結局誰にも刺さらなくなってしまうのです。ターゲットの絞り方について、英会話スクールを例にご説明します。

　英会話スクールは世の中にたくさんあります。そして、それに通う人にもさまざまなニーズがあります。

　例えば、

・外交官になるため高度な交渉が可能なレベルを目指す人
・将来の海外赴任を前提に、英語力を身につけておきたい人
・今まで国内の仕事しかやったことがないのに、急に海外の担当になり、大至急実務に支障がない程度まで英語力を引き上げないといけない人
・旅行で使える英会話を身につけたい人

　などです。当然ながら、英語力を身につけるニーズがまったくない人もいます。

あなたがもし、英会話のインストラクターだとして、英会話を教えるとしたら、誰をターゲットにするでしょうか？　旅行で使える英会話を教えているスクールに外交官を目指す人が行くことはまずないでしょう。全部のケースをカバーしにいこうとするとコンセプトがぼやけて刺さらなくなりますが、ターゲットを1つにフォーカスすることで、コンセプトが明確になり、刺さりやすくなるのです。

いくつかのターゲットが考えられる中で、あなたはどのターゲットと付き合いたいのか？　あなたが価値を最も提供できるのは、どの人なのか？　これを考えずに、ただ「英語を教えます」だけでは、顧客は集まりません。

しかし、やみくもに絞ればいいというわけではありません。絞り込みすぎるとマーケットが非常に小さくなってしまうので、ビジネスとして成立する規模を維持する必要があります。それを踏まえて絞り込み、あなたが提供する価値を最も享受できる人を、次の穴埋めテンプレートに沿って表現してください。

○○に悩む○○な人　or　○○したい○○な人

・IT人材不足に悩む地方の中小企業経営者
・所有する不動産活用で今よりももっと収益性を高めたい人

商品・サービスを売る場合と少し違うのは、自分自身を売る場合は、「売れる量」がある程度決まってしまう点です。例えば、転職を考えているなら、転職できる会社は基本1つなので、1回売れればそれで終わりです。

　商品・サービスのように、次々と継続的に量を売っていかなければ
ならないという必要はありません。それゆえ、価値を高く評価してく
れる人を絞り込むことは、商品・サービスの場合以上に重要であり、
効果的なのです。

　また、コンサルタントや士業のようなケースは、「マンパワー」の
ネックが必ず付きまといます。つまり自分1人で対応できる顧客数に
は自ずと限界が出てくるのです。そのため、「たくさん」狙うより、
あなたの市場価値が最も高くなる人を絞り込んで考えるほうがいいの
です。

　この「マンパワーネック」は、事業や売上を拡大するという観点だ
けでなく、病気や事故などで「働けなくなる」リスクも含まれます。
要するに、自分が働き続けない限り売上が止まるのです。

　だから、こういうタイプの人は、一定以上の仕事量を超えると、教
える側に回ったり、コンテンツにして販売したりするなど、自分自身
の労働に制約を受けにくい方法やレバレッジのきく方法を模索するの
です。

　ターゲットとなる人や会社、あるいはマーケットを探すアプローチ
法は、「あなたが最も価値を享受できると思われるのはどんな人か？」
です。「誰が高く評価してくれそうか」という観点ではなく、自分が
価値を提供し、喜んでくれるのはどんな人かという「他者貢献」の視
点で考えます。このほうが、打算的にならずに、本当に価値をわかっ
てくれる人が見つかりやすいのです。

Step11
新たな
キャリアイメージ

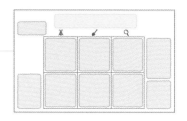

全体を総合して、新たなキャリアイメージをテンプレート or キャッチコピーで記入

　いよいよ最終段階です。ここまでのステップを踏まえて、あなたの「新たなキャリアイメージ」をまとめていきましょう。ひと口にキャリアイメージと言っても、あなたが志向する方向性によっていくつかのパターンが考えられます。それが次の表です。

①	同じ会社で、今の仕事の価値を再認識してもらう
②	同じ会社の違う部署に新たなキャリアを求める
③	今の能力を活かして、別の会社への転職を志向する
④	今の能力を活かして、個人で独立する
⑤	今の能力を活かして、会社など法人組織を立ち上げる
⑥	最高の仕事を実現するために必要な能力を磨く

　いずれのパターンを志向するかは、あなたの考え方次第ですが、Step10 までを総合して、下記の穴埋めテンプレートを完成させてください。

〇〇な人に（Step10）、
他とは違う〇〇を提供することで（Step8）、
〇〇できるようにする（Step9）

コストを抑えながら本当に役立つ福利厚生を探す企業に、
他とは違う経営者視点での運動プログラムを提供することで、
社員の生産性と会社へのロイヤリティを高められるようにする

　あるいは、別のパターンとして、キャリアイメージをキャッチコ
ピーで表現する方法もあります。89ページでご紹介した例で言えば、
「マーケティング・プロジェクト・インテグレーター」というような
感じです。インテグレーターではなく、チーム内の調和を取ることに
フォーカスすると、「マーケティング・プロジェクト・ハーモナイ
ザー」というアイデアもあります。こんな感じで、あなたの新たな
キャリアイメージにピッタリはまるキャッチコピーを探すのも面白い
でしょう。

　この Step11 について、現時点では表現しづらい場合は、いったん
ブランクのままで構いません。第5章のブラッシュアップのプロセス
を経ることで、最終的に表現できれば OK です。

　ちなみに、この AMM サーチシートは、個人ではなく法人でも使
えます。本書では、個人のキャリアを対象にしているので、法人での
活用法は省略しますが、基本的に「あなた」の部分を「あなたの会
社」と置き換えれば、そのまま使えます。

　法人の場合、法人全体を捉えるか、扱う商品サービス別に捉えるか
で、AMM サーチシートか PMM サーチシートか、どちらを使うかが
変わってきます。PMM サーチシートは LP を書く前に情報収集・整
理をし、コンセプトを作り上げるシートです。PMM サーチシートの
詳しい内容に関しては、拙著『コピーライティング技術大全』（ダイ

ヤモンド社）をご参照ください。

　PMM サーチシートは、LP を書く前の準備という位置づけなので、販売条件や顧客像を絞り込む必要があることから、1 つの商品・サービスしか対象にできません。だから、会社全体で捉えて、強みを見出し、価値を定義づけ、評価してくれる人に届けるという観点では、AMM サーチシートを使うことになります。

　さて、これで AMM サーチシートのすべてのステップはひと通り解説しました。この一連のプロセスで、スッと Step11「新たなキャリアイメージ」が見出せればベストですが、ほとんどの人は、次のいずれかのパターンで、1 回では納得のいく新たなキャリアイメージにたどり着かないケースが多いのです。

・どこかの項目をとばし、ブランクになっている
・1 つに絞るところが絞れていない
・ひと通りアウトプットはできたものの、何かしっくりこない

　そこで、次章では、あなた自身が腑に落ち、納得のいく新たなキャリアイメージを見出すために、AMM サーチシートをブラッシュアップする方法を見ていきましょう。

第 5 章

AMMサーチシートを
ブラッシュアップする

1

各ステップの
チェックポイント

■本番はここから

　さて、第3章、第4章でAMMサーチシートのすべてのステップ
を解説してきました。このAMMサーチシートの11ステップを経
て、新たなキャリアイメージを記入したらそれで完成かというと、そ
うではありません。仮に新たなキャリアイメージが記入できたとして
も、おそらくこの段階では、何かしっくりこないはずです。それもそ
のはず。実は、本番はここからなのです。AMMサーチシートの醍醐
味は、これから行うブラッシュアップにあります。これまではブラッ
シュアップのための準備と言っても過言ではありません。

　AMMサーチシートは11ステップ全体を俯瞰できるのが特徴です。
つまり、作成したシート全体をながめながら、項目同士の関連性に注
目することで、各項目がより洗練され、あなたの腑に落ちるものにブ
ラッシュアップされていきます。その結果、最終的に納得のいく新た
なキャリアイメージが見出せることでしょう。なぜなら、このブラッ
シュアップのプロセスを経ることで、AbilityとMarketがピッタリ
とマッチしてくるからです。ここでは、実際のAMMサーチシート
の事例を交えながら、ブラッシュアップの方法を解説します。

　AMMサーチシートをブラッシュアップするには、**それぞれのス
テップ同士の関連性に注目するのがポイント**です。しかし、各ステッ
プの記入が抜けていたり不十分な状態だったりすると、相互の関連性

がなかなか見えないので、ブラッシュアップの前に、まずは、次の
チェックポイントにしたがって、あなたの AMM サーチシートの各
ステップがちゃんと記入できているかをチェックしてみてください。

AMMサーチシートのチェックポイント ☑

☐	Step1	本名が入っているか?
☐	Step2	最高の仕事が1つに絞られているか?
☐	Step3	スキル・技術、知識にフォーカスし、「何をやっているか」が明確か?
☐	Step4	少なくともスキル・技術、知識に関する「経験」が表現できているか?
☐	Step5	ズバリの形で表現できていればベストだが、少なくとも「〇〇できる or 〇〇すること」の形で、記入されているか?
☐	Step6	何か記入されていればOK
☐	Step7	何か記入されていればOK
☐	Step8	Step5のズバリに対して、違いが表現できていればベストだが、少なくとも他者との比較ができているか?
☐	Step9	少なくとも「〇〇なので〇〇できる」の表現で1つ記入できているか?
☐	Step10	「〇〇に悩む〇〇な人 or 〇〇したい〇〇な人」と記入できているか?
☐	Step11	まだ、まとまっていなくてもOK

　この中で特に難易度が高く、不完全な記入になりがちなのがStep
2、5、6、8、10です。これらのステップについて、陥りがちな

つまずき例とその対処法について、以下で解説しましょう。

■Step 2「最高の仕事」が
　１つに絞り込まれているか?

　このStep 2でよくあるのは、１つに絞りきれずに、方向性の違う内容を複数あげてしまうパターンです。最高の仕事が複数並んでいると、どこに向かえばいいのかがわからなくなってしまいます。

　例えば、次のようなパターンです。

①売上を増やしたい流通業を、デジタルマーケティングで助けること
②成績が振るわないセールスパーソンを、営業トークを磨くことで助けること
③人材開発に余裕がない規模の小さい会社を、スムーズな人間関係構築で助けること
④職場の人間関係で悩む人を、ラクになる考え方をアドバイスすることで助けること

　①～④の下線の「○○で」の部分が全部異なっています。こうなると、それぞれ対応するスキル・技術、知識がまったく違ってきます。「最高の仕事」を考えていく中で、いくつかの候補を思い浮かべるのはOKですが、自分なりに考えてみて、「**あなたにとってのMy Pleasureは何か?**」を「**決める**」ことが**重要**です。カーナビに目的地を複数入力してしまっては、目的地にたどり着けません（実際、カーナビには複数の目的地は入力できません）。

　ここは２番目のステップなので、自分の強みなどを考慮せずに「最

高の仕事」をイメージすることになります。そのため、どうしても、
「あれもしたい」「これもしたい」という「希望」を列挙してしまいが
ちです。複数書き出してある場合は、その中でもどれが「最高の仕
事」かを考え、1つに絞ってください。

　その上で、AMM サーチシートを俯瞰してブラッシュアップしてい
く過程で、「やっぱりこれじゃなくて、こっちのほうがいいかな」と
思えば、また違うものに変えても問題ありません。AMM サーチシー
トは各要素を調整しながらマッチングさせるものなので、適宜変更し
て構わないのですが、それを見越して複数書いてしまうと、マッチン
グしにくくなってしまいますので、ここでは「最高の仕事」を1つに
決めましょう。

■ Step5「あなたができること」を
　ズバリ表現できているか？

　Step5では「できること」を「ズバリ」で表現しましたが、このズ
バリ表現するのがなかなかできないケースがよく見受けられます。こ
の「できること」は、その後の展開で非常に重要なポイントになる項
目ですので、「ズバリ」を慎重に見極めたいところです。

　ズバリと1つに絞り込みにくいときは、「あなたができること」の
1つずつに関して、Step8の「他者との比較」を考えてみてくださ
い。そうすると、「できること」が差別化要因を伴った形で浮かび上
がってくる可能性があります。その上で、他者との違いが最も強く打
ち出せるものを、ズバリで表現してください。その際に、最もインパ
クトのあるものを1つ選んでもいいですし、88〜89ページで解説し
たように掛け合わせたり、トータルパッケージ化したりすることも試

してみてください。

　また、Step3の「今の仕事」とStep4の「あなたの実績」をじっくりながめることで、1つのコンセプトが浮かび上がってくる可能性もあります。このことは124ページでご紹介する「事例3」で詳しく見ていきます。

■Step2「最高の仕事」と Step5「あなたができること」にギャップがないか？

　まず、Step2の「最高の仕事」とStep5の「あなたができること」の関連を確認してください。「あなたができること」が「最高の仕事」と直接つながっていたり、直接の関連性は薄くとも、同じ方向性のものであれば、特に問題はありません。調整が必要なのは、「最高の仕事」で定義した内容と、「あなたができること」のギャップが大きい場合です。

　例えば、ある人は「最高の仕事」として「職場の人間関係に悩む人をナビゲートすることで助けること」と定義したものの、「できること」は「甲信越地方の戸建住宅を販売すること」となっていました。このままでは「戸建住宅の販売スキルが人間関係の改善にどのように役立つのか」がわかりません。このように「最高の仕事」と「できること」にギャップがある場合は、どちらかを調整しないとAMMが構築できません。

　例えば、「最高の仕事」を変えずにそのままにするのであれば、「できること」を違う表現にします。この人は、戸建住宅の販売会社で職場の潤滑油的な存在で、ムードメーカーでした。そこから、職場の人

間関係の改善が「My Pleasure」だと考えました。その場合は、「で
きること」を「職場の人間関係をスムーズにすること」と定義する必
要があります。あるいは、戸建住宅の販売スキルを活かしていくな
ら、「戸建住宅の購入で喜ばれることを最高の仕事だと思えるか」を
確認します。

　ただ、Step2の「最高の仕事」を「どんな人にどのように感謝され
たいか？」と考え、「○○な人を○○で助けること」というテンプ
レートに当てはめて考えてさえいれば、それほど大きなギャップは生
じないはずです。一見ギャップが大きそうに見えても、先ほどの例の
ように、根底の部分ではなんらかのつながりがあるはずなので、その
つながりを見つけて、表現を調整してください。

■Step6「最高の仕事に不足しているもの」は 「コアスキル」か「周辺スキル」か?

　ここで注意してほしいポイントは、「コアスキル」と「周辺スキル」を意識することです。聞き慣れない言葉かもしれませんが、コアスキルというのは、最高の仕事を実現するために直接必要なスキルです。例えば、税理士であれば、会計や税務の基礎実務が必須となるスキルですし、ウェブデザイナーの場合は、フォトショップやイラストレーターなど基幹ソフトを使いこなすスキルや、デザイン能力そのもののことです。

　これら、核となるコアスキルが不足している状態だと、十分な価値提供ができません。この場合は、まずコアスキルの習得・向上から始める必要があります。

　一方、周辺スキルというのは、最高の仕事に直接関係しないスキルで、最もよく出てくるのはマーケティング力です。「最高の仕事」がマーケティングコンサルタントの人にとっては、マーケティング力はコアスキルですが、例えば、税理士などであれば、マーケティング力は周辺スキルになります。周辺スキルの場合は、有償または無償で借りることができますが、コアスキルは借りるわけにはいきません。不足しているものが、コアスキルなのか、周辺スキルなのかを見極め、コアスキルが不足している場合は、それを磨くことが最優先事項になります。

■Step8「他者との比較」は明確か?

　ここでのポイントは、「**他と違っていることが、どのくらい明確に
わかるか?**」です。例えば、次の例を見てください。

　ある人は「他者との比較」に次のように記入していました。

A. プロデュース力が他と違う
B. コーディネート力が他と違う
C. 人の話を聴く力が他と違う

　また、この人の Step5「あなたができること」には、次のように書
かれていました。

a. 構造化してスキームを作る
b. 雇用したい人と、雇用されたい人のマッチングができる
c. コーチングのスキルがあること

　A、B、C と a、b、c はそれぞれ一応対応しています。しかし、「他
の人とどのように違うか」は、これだけではわかりません。プロ
デュース力やコーディネート力や人の話を聴く力のある人は、他にも
たくさんいます。自分ではこれらの能力が優れていると思っていて
も、**他の人と比較して、客観的に何が違っていて、どのような優位性**
があるのかを、第三者にわかるように説明できないと、**市場価値につ**
ながりません。

■Step10「最も価値を享受できる人」と
マッチングできているか?

　98ページで取り上げた例で見てみましょう。Step9でベネフィットを「私は反応率の高いサムネイル画像を作ることができるので、あなたは広告の費用対効果を高めることができる」と定義した人です。この場合の「最も価値を享受できる人」を考えてみましょう。反応率が高いサムネイル画像の価値を享受できる人は誰か?——次のような人が思い浮かびます。

①インターネット広告の広告主（会社および個人）
②インターネット広告の出稿・運用を請け負っている会社
③ホームページ制作会社
④リアル店舗を持つ会社や個人（主にPOP画像として）

　①～④の中で、最も仕事量が多く安定していそうなのは②でしょう。③もいいですが、サムネイル画像の価値がピッタリとマッチするかは若干疑問です。ここで、絞り込む際に見ていただきたいのが、Step2「最高の仕事」です。Step2で「どんな人にどのように感謝されたいのか?」を考えましたが、それと照らし合わせて考えます。

　例えば、先ほどの事例で、Step2の「最高の仕事」が、「生まれ育った地元の商店街の人をカッコいいデザインのPOPを作ることで助けること」と書かれていたとしたら、④が第一候補として浮上してきます。受注規模としては②より小さいかもしれませんが、この人にとって「最高の仕事」なのであれば、④を志向することも十分あり得ます。

2

AMMサーチシートの
ブラッシュアップ法

　ここまでAMMサーチシートの各要素がちゃんと書けているか、抜け漏れがないか、チェックしてきました。いよいよここからは、AMMサーチシートの最終段階、AMMサーチシートの各要素を俯瞰したり、相互に関連づけたりしながら、ブラッシュアップする方法をご紹介します。

　ただ、このブラッシュアップは、ステップや手順が決まっているわけではなく、人それぞれ、ケースバイケースでやり方が異なります。そこで、ここでは、実際の事例を紹介しながら、ブラッシュアップのやり方について解説したいと思います（事例はプライバシーに配慮して、名前はすべて仮名です）。

■ 事例1：会社員で今後のキャリアを発見したケース
──神戸博さん（40代・会社員）

　神戸さんは、会社員で、システムエンジニアとして活躍していますが、今後は独立を考えていました。そこで最終的に、「社員を巻き込むファシリテーション能力に優れた、システム開発・運用サポーター」というキャリアイメージができました。

　一般的に会社員の場合は、「最高の仕事」「あなたができること」「他者との比較」が明確に定義できないケースが多く見られます。神戸さんの場合は、「あなたができること」は明確になっているほうで

したが、「他者との比較」が見出せずにいました。

　神戸さんのAMMサーチシートのポイントは、以下の通りです。

Step2：最高の仕事
　システム導入時のプロジェクト推進や運用に悩む人を、社員を巻き込んだサポートで助けること

Step5：あなたができること
a. 製造業のシステム開発・運用に潜む課題を早期発見し、人を動かし
　　解決に導くこと
b. 読書会のファシリテーションができる
c. システム開発チームのリーダーができる
d. システムの開発・運用管理ができる

Step8：他者との比較
　1つずつは顕著な違いは見出せず

　上記のように、神戸さんの場合は、Step5の「あなたができること」は複数あげられましたが、Step8の「他者との比較」で壁にぶつかり、その結果、「あなたができること」のポジショニングができませんでした。その状態から、どのように突破口を見出していったかを見てみましょう。

　まず、「最高の仕事」は「システムのサポートで喜ばれること」であり、今の仕事もシステムの仕事なので、その点では一貫性はあります。ただ、「あなたができること」において、システム関連では、「他者との比較」で顕著な差を見出すことはなかなかできません。ただ、

注目したいのは「読書会のファシリテーター」の資格を持っている点
です。この点は独自性があります。そこで、「システム開発リーダー
×読書会ファシリテーター」とすると差別化要因となり得ますが、
Step9の「それは何がいいのか？」がしっかり定義できないと市場価
値にはなりません。

　そこで、突破口になったのが実績です。神戸さんの実績には次のよ
うなことが書かれていました。

Step4：あなたの実績
・ユーザー企業のシステム改革プロジェクトで社内外関係者と連携
　し、スムーズな稼働を実現した
・会社の自衛消防隊で活動を束ねる本部班長として、社内の防災活動
　を活発化した

　これらの実績から、神戸さんは、「関係者との連携をスムーズにし、
まとめることができる能力がある」ことがわかります。通常、この能
力は差別化が難しいものです。まとめる能力がある人は世の中にたく
さんいるからです。しかし、神戸さんは「読書会ファシリテーター」
の資格があるので、前述の実績を「関係者との連携をスムーズにし、
まとめることができる能力」の客観的な証拠として示すことができま
す。

　そうすると、Step5と8は、改めて次のように定義できます。

Step5：ズバリ社内外の関係者をファシリテートして巻き込むこと
　　　　で、システム開発・運用をスムーズにすること
Step8：システム開発プロジェクトリーダー×読書会ファシリテー

ター

　その上で、Step9を考えます。「社内外の関係者をファシリテート
して巻き込むことで、システム開発・運用をスムーズにできると、何
がいいのか？」です。そうすると、「関係者をうまく巻き込むことで、
社員の当事者意識が強くなり、システム開発が完了し、エンジニアが
離れた後も自主的・自発的にシステムを使い続けられる。その結果、
システムの投資効果が発揮でき、企業の競争力強化につながる」とい
うベネフィットが出てきます。

　そうなると、神戸さんの価値を最も享受できる対象として、「IT投
資で競争力強化を図りたいが、人材不足で対応できないと諦めている
地方の中小企業の経営者」が浮かび上がってきました。

　これらを踏まえて、最終的に神戸さんの新たなキャリアイメージは
次のように表現できました。

Step11：社員を巻き込むファシリテーション能力に優れた、システ
　　　　ム開発・運用サポーター

　神戸さんは、これまでの経験が社内の業務システムだけだったの
で、他社でどのくらい通用するか不安でした。「システム開発の専門
家」としてやっていくなら、あらゆるシステムに精通していなければ
ならないと考えてしまうのも無理はありません。しかし、神戸さんの
場合は、ファシリテーション能力を活かして、「社員をうまく巻き込
みながらプロジェクトを進める」ことが強みですので、仮に、会社に
よって異なる個々のシステムそのものに対する知識はなくても、十分
対応可能だと考えられます。

114ページで解説した、不足しているものがコアスキルなのか、あるいは周辺スキルなのかというポイントを思い出してください。「システム開発の専門家」と位置づけると、対象となるシステムに関する知識や技術はコアスキルになりますが、「社員をうまく巻き込みながらプロジェクトを進める」と位置づければ、個々のシステムの専門的な知識は周辺スキルになるので、借りることができます。このように、強みを定義していくには、少し視野を広げて考えるとブレイクスルーにつながります。

それを理解した神戸さんは、新しいキャリアイメージの実現に向けて踏み出すことができました。

■ 事例2:今後の事業拡大プランを明確に見出せたケース
── 川田昌行さん(40代・パーソナルトレーニングジム経営)

川田さんは、スポーツトレーナーとして、パーソナルトレーニングジムを経営。AMM サーチシートにより、企業に対して、「身体のメンテナンスプログラムを福利厚生の一環として提供するというキャリアイメージ」と、「今後どのようなステップで事業を拡大していけばいいのか」について、以前は考えてもいなかったアイデアが生まれ、事業拡大への方向性が明確になったと話しています。

川田さんは既に独立・起業しており、実績も豊富だったので、「あなたができること」は明確でした。また、川田さんは個人だけでなく、法人向けビジネスの展開も開始していました。さらには、同業者に専門的なノウハウを教えることもしていました。そのため、当初、川田さんの AMM サーチシートは個人向け、法人向け、教育の3点が混在した、次のような形になっていました。

Step2：最高の仕事

　身体に痛みを抱え、病院をはじめ、どこに行っても、何をやっても改善できずに悩み、好きなことや、やりたいことを諦め、改善はもう無理だと思っていた人に、たった一回のその場で改善の効果を実感できるプログラムを提供し、希望が見え元気になるのを助けること

Step3：今の仕事

・スポーツ選手のトレーナーだけでなく、一般の人向けに肩こりの改善や身体の痛み解消などを提供すること
・法人向けに肩こり改善のプログラムを提供すること
・自分の知識・技術を教え広めること

Step5：あなたができること

・正しい身体の使い方を身体の仕組みから教えること
・肩こり、腰痛、膝痛など身体の痛みをゼロにすること
・オンラインでも教えられること
・専門家にも知識・技術を教えられること
　　　⬇
　ズバリ、身体のトラブルとなった原因（人体のシステムエラー）を的確に発見し、誰でも簡単にできる方法で実感できる効果を短時間（その場）で出し、問題を解決することができる（オンラインでも）

Step8：他者との比較

　身体のトラブルは、人体のシステムエラーであり、そのシステム自体に適切なプログラミングアプローチをするので瞬間的な効果だけでは終わらない

　川田さんの場合は、できることははっきりしています。「他者との
比較」で差別化要因も比較的クリアになっています。ただ、問題は、
事業展開の方向性がいまひとつはっきりしない点でした。そこで、
AMM サーチシート全体を俯瞰し、次のような道筋を見出しました。

第1段階：法人向けに福利厚生の観点でサービスを提供
第2段階：メソッドを書籍化
第3段階：現状の教育部分を強化しフランチャイズで展開

　まず、第1段階では、法人向けのサービス提供として、福利厚生の
一環という切り口と、社員の健康を生産性向上と結びつけて展開する
アイデアを思いつきました。

　そして、専門家にも知識・技術を教えていることから、このメソッ
ドを書籍化し、メソッドを取り入れたい人に講座で教え、ロイヤリ
ティ収入を得るなど、フランチャイズのような形態で展開すること
で、個人のマンパワーの限界を超えていく道筋と優先順位を明確にす
ることができたのです。

　AMM サーチシートで見出した川田さんの当面の新しいキャリアイ
メージは、「コストを抑えつつも、本当に役に立つ福利厚生を探して
いる企業に、ソフト中心の健康を実感できるプログラムを提供するこ
とで、社員同士の一体感を高め、社員の経営者への信頼を高めるこ
と」でした。

　同時に、川田さんは、「独立以来ずっと走り続けてきたが、今まで
やってきたことが整理でき、短期と長期のキャリアイメージを踏まえ
て、今後の展開の優先順位をつけられたのが非常に有意義だった」と

語っています。

■ 事例3：会社員からキャリアアップのため転職したケース
――並木昌俊さん（20代・会社員）

　並木さんは、会社員で、複数の商品のマーケティングを担当していました。その仕事にはやりがいを感じていたものの、20代も終わりに差し掛かり、「もっと自分1人の意思で動かしていける仕事がしたい」と考えていました。今の会社でそれを実現することも不可能ではありませんでしたが、いったん環境を変えたほうが良いと考え、転職を志向していました。

　並木さんは、これまで多くのマーケティング施策を担当し、成果も上げてきたので、マーケティングの知識とスキルに関しては、自信はありました。ただ、「そんな自分に何ができるのか」については、いまひとつうまく説明できないというもどかしさを感じていました。

　並木さんのAMMサーチシートのポイントは、次の通りです。

Step2：最高の仕事
・ありがとう。あなたのおかげでプロジェクトが大成功したよ！
・感謝している人は、経営者・投資家
・最高の仕事は、野心ある人に成功を提供すること

Step3：今の仕事
　マーケティングでビジネスに課題のある人を集める

Step4：あなたの実績

・広告でCPL（見込客1人を獲得するためにかかるコスト）○○○円
・自分が担当した商品が売上No.1に

Step5：あなたができること
・ウェブ広告で集客できる
・ソーシャルセリングができる
・コピーライティングができる
・企画・提案・実行・分析のPDCAを回せる
・懸念点や課題点などを意識した計画力があること
・職種を超えて組織をまとめること
・組織に1人いると重宝する、仕事を任せられる便利屋であること

Step6：最高の仕事に不足しているもの
・プロジェクト経験
・信頼される実績
・組織を束ねるカリスマ性

Step7：不足の解消
・経験や信頼は、携わってきた会社やサービスの名称
・カリスマ性のある人を右腕にする

Step8：他者との比較
　スペシャリストではなくジェネラリストでバランス感覚が優れている

Step9：それは何がいいのか？
　便利屋マネージャーなので、安心して権限移譲することができる。その結果、経営者は別の重要な業務に注力することができる

並木さんのAMMサーチシートには、「便利屋」というワードが2回出てきます。これは、Step5の「あなたができること」はいろいろあるが、飛び抜けて「これ」というものがなく、なんでもそつなくこなしてきた結果、それが「便利屋」、あるいは「ジェネラリスト」というセルフイメージになったと考えられます。

　そこで活きたのが、89ページでもご紹介したトータルパッケージ化です。並木さんがStep5で書いていた「あなたができること」は、1つずつで見ると他にもっと飛び抜けた能力を持つ人がいますから、「差別化要因」にはなりません。優位性としても物足りないのですが、逆に全部を一定のレベルでできる人という人も、あまりいません。

　並木さんもそのことを薄々意識していたものの、そこが強みになるとは考えにくかったのです。そして、並木さんの中でもう1つ引っかかっていたのは、Step6の不足しているものにあげられていた、「組織を束ねるカリスマ性」でした。これについては、Step7の「不足の解消」のところで、「カリスマ性のある人を右腕にする」とありました。

　これは、右腕を作るか、自分がカリスマ性のある人の右腕になるかどちらでもいけるわけです。

　そこでブロックが外れたこともあり、トータルパッケージ化することで、プロジェクト全体を任され、成果を上げていけるというのが、自分の強みであると認識できました。そして、新たなキャリアイメージとして「マーケティング・プロジェクト・インテグレーター」というセルフイメージができたのです。並木さんは、今まで、どれもこれ

もが「中途半端」という捉え方だったのですが、すべてをインテグ
レート＝統合して、成果を発揮できるのが自分の強みであると確信し
ました。

　そして、数ヶ月後、並木さんは、ベンチャー起業を立ち上げたばか
りの人と縁があり、その会社に転職しました。そこでは、その人の右
腕となって、マーケティング・プロジェクトの枠を超えた、事業全体
を任され進めていく仕事をすることになったのです。

■ 事例4:定年退職後の起業に向け課題認識ができたケース
──山口明さん（60代・会社員）

　山口さんは四十数年、流通業で実績を上げていました。定年退職を
控え、今後は「強みを活かした仕事で、現役で働き続けたい」という
希望を持っています。山口さんの AMM サーチシートのポイントは、
次の通りです。

Step2：最高の仕事
　山口さんは当初、「最高の仕事」が複数あり、しかもそれぞれが違
うスキルを必要とするものでした。そこで、そのうちのどれが山口さ
んにとって最高の仕事かを掘り下げて考えていった結果、次のように
まとまりました。

　売上を伸ばしたい小売店をコピーライティングと販売戦略で助ける
こと

Step3：今の仕事
　営業責任者として営業全般の統括（チラシ制作のアドバイスを含む）

Step4：あなたの実績
・営業成績3年連続1位
・営業成績が芳しくない社員2人を育て、活躍できるようにした
・少年野球の監督歴10年

Step5：あなたができること
　ここも当初は絞りきれずに下記のように複数あがっていました。
・営業が苦手な社員に有効な指導ができる
・相手のニーズを察知して、最適な提案ができる
・初対面でスムーズな人間関係を構築すること
・人脈・ネットワークを作ること

Step8：他者との比較
　山口さん自身が認識しているのは下記のようなことでしたが、他と比較して独自性や優位性がわかる内容ではありませんでした。
・長い営業経験
・共感力
・失敗を乗り越える力
・わかりやすく伝える力

　山口さんの場合は、会社員に多いパターンである、「できること」がズバリ定義できない状態でした。特に「他者との比較」で、客観的に優位性がわかるようなものが見出せていませんでした。「共感力に優れた営業経験が豊富な人」というだけでは、差別化要因にはなりません。そこで、Step4、5、8を並べて見ていると、営業が苦手な社員に寄り添い共感しながら指導し、成果を出す姿が見えてきました。また、少年野球の監督を10年続けたという実績も、共感力と指導力が

きいていると考えられます。

そうすると、単に「売上を上げる」というより、共感力を活かし、営業成績の芳しくない社員の能力を引き上げることで、会社全体の営業力を底上げし、業績アップに寄与できるというベネフィットが浮かんできました。

そこで、Step9の「それは何がいいのか？」＝ベネフィットを先に整理すると、次のように定義できました。

「共感力を活かし、営業が苦手な社員の能力を引き上げることができる。その結果、企業は新規に採用することなく、業績アップできる」

つまり、営業が苦手な人に対象を絞り込むことで、少し優位性が感じられるようになりました。しかし、もうひと息ほしいところです。そこで、Step2の「最高の仕事」で、「コピーライティングで助ける」とStep3の「今の仕事」でチラシ制作もしていることから、「共感営業×コピーライティング」というアイデアが出てきました。

最終的に、Step11の「新たなキャリアイメージ」は、次のように表現できたのです。

高い信頼関係構築力を活かし、成績の芳しくない社員の能力を引き上げ、会社全体の業績を底上げするコンサルタント

そして、このキャリアイメージを実現するためには、少し心得のあったコピーライティングのスキルを、定年までの時間を活かして、もっと磨くという課題と方向性を見出せました。

さて、いかがだったでしょうか？　4人の方の実例をもとに、AMMサーチシートのブラッシュアップ法を解説しました。このような感じで、AMMサーチシート全体を俯瞰しながら、項目同士の関連性に注目することで、あなた自身が納得のいく、新たなキャリアイメージが見出せるでしょう。そして、新たなキャリアイメージができたらAMMは完成です。

　もし、まだ腑に落ちない感じがする場合は、少し時間を空けてトライしてみてください。Step1で触れたように、頭が煮詰まった状態だとなかなかいいアイデアは出てこないものです。少し時間を空けて、フレッシュな頭で見直してみると、「あ、そういうことか！」と気づくことができると思います。

第 6 章

あなたの価値を
伝える技術

1

あなたの価値を伝える

■ お金を稼げなければ、「絵に描いた餅」

　前章までで AMM サーチシートの書き方およびブラッシュアップ法は完了しました。あなたが新たなキャリアイメージを見出せれば、AMM は完成です。でも、ちょっと考えてみてください。いくら新しいキャリアイメージが見出せたとしても、そのキャリアで実際にお金を稼げなければ、それは「絵に描いた餅」で終わってしまいます。そのキャリアを実際にお金に変えるためには、「**あなた自身が認識している素晴らしい自分の価値を、それを求めている人に伝える**」必要があります。

　「いい商品なんだけどな〜。使ってもらえば絶対にわかってもらえるんだけどな〜」というセリフをよく聞きます。しかし、これはまったく意味がないことです。なぜなら、「**買う前に、いい商品だとわかってもらわないと買ってもらえない**」からです。

　これは、商品・サービスを売る場合だけでなく、士業やコンサルタントのように、あなた自身が商品・サービスになる場合もそのまま当てはまります。また、転職や異動を志向する場合の自己PR、社内での企画・提案の場合でも当てはまります。つまり、「あなたの価値をきちんと伝える技術」が必要なのです。

　そして、この「価値を伝える」という部分は、本来、コピーライ

ティングの領域であり、私たちが最も得意とするところでもあります。もちろん、コピーライティングのスキルを身につけるには、それなりのトレーニングを必要としますが、ここでは、コピーライティングのことを詳しく知らなくても価値が伝えられる方法として、「プロフィール」と「メッセージモデル」をご紹介します。

■あなたの強みを明確に表現するプロフィールを作る

　まず、「**プロフィール**」です。「え？　プロフィールなんて普通に書けるでしょ」とか「自分はプロフィールなんて使うシーンはない」と思われるかもしれません。しかし、プロフィールは就活や転職の際に自己PRとして作成するだけでなく、今や販売ツールの１つとも言えます。

　例えば、コンサルティング会社などのように、コンサルタントが複数在籍している場合、プロフィールが一覧で並んでいて、それを見てクライアントは、「どのコンサルタントに相談しようか？」と考えることになります。だから、プロフィールいかんで仕事が取れるかどうかが決まってしまいます。

　また、ブログ記事の最後に執筆者のプロフィールを載せることもあるでしょう。他にも社内外のプロジェクトにおいてメンバー紹介という形でプロフィールを掲載することもあります。そこでは、プロフィールで他人から好感や関心を持たれるかどうかが、その後の仕事の成否に関わってくるのです。

　このように、プロフィールを使う場面は意外と多くあります。ところが、一般的にプロフィールと言えば、「生年月日、出身校、経歴、

趣味などを書けば完成」という認識がほとんどです。では、どうすれ
ばプロフィールであなたの価値を上手に伝えられるでしょうか？　答
えは簡単です。あなたが見出した AMM をそのままプロフィールに
すればいいのです。完成した AMM を使えば、あなたの強みを説得
力とインパクトのある形で表現することができます。AMM サーチ
シートのどの項目を、どの順番で盛り込むかはケースバイケースで変
わってきますが、以下は、標準的なパターンをテンプレートにしたも
のです。ちなみにこれは、社内用でも社外用でも、独立起業の場合で
も同じように使えます。

名前：(「Step1：名前」)
タイトル（キャッチコピー）：(「Step11：新たなキャリアイメージ」
をキャッチコピーで表現した場合)

・実績・権威 or 経歴として、「Step4：あなたの実績」
・専門分野として、「Step5：あなたができること + Step9：それは
　何がいいのか？」
・差別化要因として、「Step8：他者との比較」
・ビジョンとして、「Step2：最高の仕事」

　これらを織り込んだプロフィールの例は、次の通りです（社内用を
想定）。

> **竹内慎太郎**
> **人を育てるデジタルマーケッター**
>
> 　デジタルマーケティングの導入により、半年で社内の顧客獲得
> コストを 30% 削減するとともに、チームの売上を 12% 向上。

　各種のデジタルツールの最適な組み合わせを熟知しているので、各部門の課題を最短で解決し、最大限の投資効果を発揮できる。またツール導入の際、使う人の意識改革を含めて進めるので、ツール導入と同時に人が育つ。

　営業現場とシステム部門との感覚ギャップを改善したいと考える、社内で唯一の営業の経験を持ったデジタルツールのプロフェッショナル。

　人の成長につながるデジタルツールを導入するのが喜び。

　どうでしょう？　あくまでも標準的なテンプレートに当てはめただけですが、強みを説得力とインパクトのある形で表現できていることがわかると思います。ぜひあなたも自身の AMM サーチシートに基づいて、強力なプロフィールを作成し、あなたの価値をさまざまな場面で発信してください。

■同じことでも伝える内容と順番で印象は変わる

　次に、あなたの価値を伝える「メッセージモデル」についてご紹介します。あまり馴染みのない言葉かもしれませんが、メッセージモデルとは、**「何を、どういう順番で伝えていくと、最も相手に伝わりやすいか」** をモデル化したものです。このメッセージモデルは、26ページでもご紹介しましたが、ウェブ上で商品・サービスを販売する際に必要な LP と呼ばれる広告の文章や社内外の企画書・提案書、依頼文など、つまり **「人を動かす文章」** を作成する際に必須となるメソッドです。

　同じことでも、言う順番や言い方が違うだけで、人が受ける印象は変わってきます。よく見聞きする例ですが、次の5つの文章を比べて

135

ください。

A：彼は、仕事は早いが、チームをまとめる能力には欠ける
B：彼は、チームをまとめる能力に欠けるが、仕事は早い
C：彼は、個人プレーは得意だが、リーダーとしての資質はない
D：彼は、リーダーとしての資質はないが、個人プレーは得意だ
E：彼は、チームをまとめることは得意ではないが、仕事を処理する
　速度には目を見張るものがある

　AからEまでありますが、5つとも基本的には同じことを言っています。特にAとB、CとDはまったく同じ内容のことを違う順番で言っているだけです。なのに、前にくる要素より後にくる要素のほうが強調された印象になります。このように、同じことでも「どういう順番で言うか」によって、印象は変わるのです。

　また、A・BとC・Dはどちらも同じことを言っていますが、フォーカスしているポイントが少し違います。「仕事が早い」を「個人プレーは得意」と解釈し、「チームをまとめる能力に欠ける」を「リーダーとしての資質はない」と解釈しています。つまり「何を言うか」でも印象は大きく変わってくるのです。さらに、Bは「仕事が早い」という部分がポジティブな印象なのに対して、CとDは「リーダーとしての資質はない」と、どちらもネガティブな印象になっているのがわかります。

　そして、Eは、言い方の順番はB・Dと同じですが、「仕事を処理する速度には目を見張るものがある」と表現を変えることで、「仕事が早い」という要素がBよりも強調されています。ここでは「どのように言うか」が違っています。

　このように、「何を」「どういう順番で」「どのように言うか」に
よって、人が受ける印象は変わってくるのです。

　コピーライティングは「どのように言うか」という表現の技術だと
思われがちですが、それは正確ではありません。「どのように言うか
＝表現するか」という要素も大切ですが、それよりも「何を、どうい
う順番で言うか」のほうが、はるかに重要なのです。

　通常、商品・サービスを売る場合であれば、「何を、どういう順番
で言うか」のために、事前調査として、商品やサービスはもとより、
顧客や競合についてのリサーチが必要になります。でも、既にあなた
は、AMM サーチシートの 11 ステップを通して、自分の価値として
「何を言うか」についてのリサーチは完了しています。なので、後は
「どういう順番で言うか」の部分にフォーカスして考えればいいので
す。

2
現代の必勝テンプレート
PASBECONAの法則

■ 何を、どういう順番で伝えるか？

　コピーライティングはアメリカでは100年以上の歴史があります。一方日本では、私、神田が1995年にこの手法に出会い、本格的に普及させていきました。確証はないのですが、アメリカで早くからコピーライティングが使われた背景を推測すると次の通りです。

　日本は国土が狭く、営業対象となるエリアは比較的集中しているので、古くから一軒一軒、顧客の注文を聞いて回る「御用聞き」のスタイルが主流でした。一方アメリカは日本よりも国土が広く、営業対象エリアが広い。距離があり時間もかかるので「御用聞き」ではなく、手紙を使ったセールス、今で言う通信販売が早くから盛んに行われていました。

　当時の通信販売は、手紙を送って、返信をもらうスタイルだったので、手紙を読んでもらい、手紙の内容で購入の決断をうながすことが非常に重要でした。そこで、セールスに使う手紙を書く技術が早くから普及し、これがコピーライティングの技術として確立していったのだと考えられます。

　私、神田が監訳し、長くコピーライティングのバイブルとして読み継がれている『ザ・コピーライティング』（ジョン・ケープルズ著、神田昌典監訳、齋藤慎子・依田卓巳訳、ダイヤモンド社）の原書の初

版が刊行されたのは 1932 年。第二次世界大戦が始まる前の話です。その頃から、「どのような書き方が読み手の反応を高めるのか」という研究がされてきました。そして、試行錯誤の結果得られたそれらの知見は「経験値」として、ビジネスパーソンの間で語り継がれてきました。

　その「経験値」の再現性を高めるため、「何を、どういう順番で伝えるか」をメッセージモデル化する動きも盛んに行われています。その 1 つとして、私たちは、セールスレターや LP など、売れている広告メッセージの構造を分析し、伝え方の標準パターンとして、非常に汎用性が高いメッセージモデルを作り上げました。それが「PASBECONA の法則」です。PASBECONA の法則は、次の要素を、次の順番で伝えるのが、最も価値が伝わるというものです。

PASBECONAの基本構造

Problem	問題	読み手が抱える問題点・痛みを提示する
Affinity	親近	読み手の状態に理解を示す
Solution	解決	解決策を提示する
Benefit	利得	それを買うとどんないいことがあるのかを示す
Evidence	証拠	それが機能する証拠を示す
Contents	内容	詳しい商品・サービスの内容を提示する
Offer	提案	それを手に入れるための販売条件を提示する
Narrow	適合	自分の価値観に合うように顧客を適合させる
Action	行動	具体的な行動を呼びかける

　この 9 つの要素をこの順番で並べていくと、「なるほど、なるほど」と読み手は納得しながら読み進めることができ、最後に書き手が意図

した行動へと導くことができるのです。これは基本形であり、相手に合わせて順番を入れ替えることもありますが、まずは、この基本形を覚えてください。

　この PASBECONA は、現代のLP に必要な要素もカバーしているので、そのまま LP テンプレートとして活用することができます。右ページは、そのテンプレートです。

　この PASBECONA の法則は、広告の文章を書く基本構造ですが、これはあなた自身やあなたのアイデアを PR するときにも、そのまま使えます。ここでは、次の 3 つのケースにおいて、「PASBECONA の法則を使って、あなたの価値を伝える方法」をご紹介します。

（1）士業や各種コンサルタントのような、自分自身が、ほぼそのまま商品・サービスのケース
（2）社内でアイデアを提案する、いわば企画書・提案書のケース
（3）転職や社内の別部署への異動を志向するときの自己PRのケース

PASBECONAのLPテンプレート

プリヘッド

ヘッドライン

デックコピー

＜オープニング＞
Problem
（問題提起・確認）

Affinity
（親近感・正当化）

Solution
（解決策提示）
そこで、○○できるのが

商品・サービス名

Offer
（販売条件）

＜価格＞
（得られるベネフィットを考えると割安であることを説明）

○○, ○○○円（税込）

＜特典＞

＜保証＞

Narrow
＜適合＞
（限定・条件）

＜締切＞
○月○日（○）まで

Benefit
（ベネフィット）
（それを購入するとどんないいことがあるのか？）

この（商品・サービス）を使うと、
□（ベネフィット①）
□（ベネフィット②）
□（ベネフィット③）
□（ベネフィット④）
□（ベネフィット⑤）

Evidence
（証拠・根拠）
（ベネフィットが機能する根拠や機能している証拠）
or
（顧客の声）

Contents
（商品内容説明・使い方）

＜提供者のプロフィール＞

Action
＜最後のメッセージ＞

＜CTA＞
お申し込みはこちら
URL

＜追伸＞
（追加のベネフィット or メインのベネフィットのリマインド）

＜CTA＞
お申し込みはこちら
URL

3

PASBECONAで
販売の文章を作る

■ キャリアコンサルタントの例で考える

まずは、コンサルタントや士業、各種講師など、あなた自身がほぼ
そのまま商品・サービスに該当する場合です。

誤解のないように正確に言うと、売る対象になるのは、あくまで
も、あなたが提供するサービスです。しかし、コンサルタントや士業
は、提供するサービス自体は基本的に同じものです（もちろんサービ
スの内容自体に違いがある場合もありますが）。例えば、税理士の場
合は、決算資料の作成や税務申告など、提供するもの自体は、ほぼ同
じものになります。重要なのは「誰が提供しているのか？」であり、
この「誰が」という部分がセットになってはじめて、商品・サービス
の価値になるわけです。つまり、**あなた自身が商品・サービスの重要
な心臓部分を構成している**ということです。

このケースでは、実際に対価を受け取る＝売るので、通常の商品・
サービスを販売するためのLPの書き方とまったく同じです。した
がって、141ページでご紹介したテンプレートがそのまま使えます。

具体的例として、キャリアコンサルタントが企業向けにキャリアコ
ンサルティングのサービスを売るケースで見てみましょう。
先ほどのPASBECONAの基本構造に当てはめた文章は、次の通り
です。

PASBECONAに基づいたキャリアコンサルタントのLP

人材配置・育成に悩む
中小企業の人事担当の方へ

中小企業向け専門の
キャリアコンサルタントからのご提案

あなたは次のようなことを
感じることがありませんか？

もし、1つでも当てはまるものがあれば
このページでご紹介する方法は
きっとあなたのお役に立てるはずです。

☐ 適材適所の人材配置をしたいが、1人ずつの面談に
　十分な時間がかけられない

☐ やりがいが感じられないという理由で、頻繁に退職者が出る

☐ 社員のモチベーションをもっと上げたい

このようなことを感じるのは
あなただけではありません。

しかし、多くの中小企業では
社員がキャリアについて
じっくり相談する相手がいないので
社員が自分自身のキャリア形成について
理解を深める機会がなかっただけなのです。

そこで、あなたにおススメしたいのが

中小企業専門のキャリアコンサルティング

NLP キャリアコンサルティング

NLP キャリアコンサルティングを
企業に導入すると

☐ 脳と心の取り扱い説明書と呼ばれる NLP（神経言語プログラミング）
　を学んだキャリアコンサルタントが対応するので
　社員の本音をスムーズに聞き出すことができるようになります。

☐ 社員全員の適性を的確に把握できるので
　適材適所の人材配置ができ、会社全体の生産性が向上します。

☐ 社員のモチベーションが上がりやる気を引き出せるので
　離職率を改善できます。

実際に NLP キャリアコンサルティングを
導入された方のご感想の
ほんの一部をご紹介しますと…

写真	○○　○○様
	コメント

NLP キャリアコンサルティングの内容

● 対象者全員での全体コンサルティング

● 対象者全員へのオンライン個別コンサルティング（各60分）

● 個人別適性レポートを作成 etc

NLP キャリアコンサルティングの進め方

個別説明会をオンラインで実施

ご納得いただければ正式契約

↓

導入責任者の方と方向性を確認

↓

対象社員の方全員のスケジュール調整

↓

etc

チーフコンサルタント

○○　○○

写真

プロフィール

導入費用

社員1人あたり

66,000 円 (税込)

特典

個別コンサルティング完了後1ヶ月間
対象の社員から直接メール相談いただけます。

保証

ご契約後、初回の方向性確認のミーティングで
期待したものと違うとお感じになられましたら
理由をお尋ねすることなく全額返金致します。

締切

20XX年4〜9月実施分の受付は
2月28日 (○) まで

こんな方にはおススメしません

☐ 社員との個別コンサルティングだけを実施し
　その後の社員へのフォローをするつもりのない方

☐ 外部のコンサルタントに社内のことは、
　わかるはずがないと思い込まれている方

☐ そもそも社員がやりがいを持ってイキイキと
　働くことを望まれていない方

いっぽう
こんな方にはおススメです

☐ 社員一人一人がそれぞれの特性に応じた職場で
　能力を発揮してほしいとお考えの方

☐ 組織の風通しを良くして、活気のある職場を
　つくりたいとお考えの方

☐ 会社全体の生産性を高め
　残業の少ない会社にしたいとお考えの方

日本の中小企業の1社でも多くの会社の
社員全員が自分の目的を明確にし
活き活きと仕事に取り組むことができるようになることを
楽しみにしています。

NLP キャリアコンサルティングの導入に
ご興味を持っていただけましたら
まずは下記より個別説明会に
お申し込みください。

> NLP キャリアコンサルティングの
> 個別説明会の
> お申し込みはこちら☞

このサンプルだけを見ても、どの部分に、どのように
PASBECONA が当てはめられているのかわからないと思いますの
で、次に各要素を分解して解説していきます。

4

PASBECONAの書き方

■ **各要素に、何をどう書くか?**

(1)見出し(ヘッドライン)

　まず、本文に入る前に「見出し」を考えます。SNSのような短いものの場合を除き、文章には見出しが必要です。人は見出しを見て、その内容を読むかどうかを判断しています。見出しで興味がないと判断されれば、そこから先は読まれることはないので、どれだけ一生懸命に、役立つことを書いても、絶対に伝わりません。だから、まずは**読み手を惹きつける見出しが必要不可欠**です。

　コピーライティングでは、いかにインパクトのある、魅力的な見出しを書くかについて、古くから研究されてきました。そして、それらはパターン化されて、「型」として整理されています。私たちは『コピーライティング技術大全』(ダイヤモンド社)において、次のようにまとめています。

魅力的な見出しの型

パターン	具体的な型
(1) 方法提示	型1 ：〇〇する方法 型2 ：〇〇するための方法 型3 ：〇〇の◎つの方法 型4 ：〇〇しながら◎◎する方法 型5 ：〇〇を手に入れて◎◎を手に入れる方法 型6 ：〇〇を◎◎にする方法 型7 ：〇〇しない(防ぐ・やめる・抜け出す)方法

(2) 質問	型8 ：〇〇とは？ 型9 ：〇〇できますか？ 型10：〇〇をご存じですか？ 型11：なぜ（どうして）〇〇は◎◎なのか？ 型12：なぜ一部の人は〇〇できる（できない）のか？
(3) 問題提起	型13：あなたは〇〇でこんな間違いをしていませんか？ 型14：〇〇のこんな症状（予兆）が出ていませんか？ 型15：〇〇によくある△つの◎◎
(4) 秘密公開	型16：〇〇の秘訣（秘密・理由・ポイント） 型17：〇〇の◎つの秘訣（秘密・理由・ポイント） 型18：〇〇の秘密を公開 型19：〇〇する理由（ワケ） 型20：〇〇がうまくいかない理由（ワケ）
(5) ターゲット指定	型21：〇〇の方（あなた）へ 型22：〇〇でお悩みの方（あなた）へ 型23：いつか〇〇したい人（あなた）へ 型24：〇〇のお子さんを持つ保護者（お父さん、お母さん）へ 型25：もっと〇〇したいけど、どうしたらいいかわからない方へ 型26：〇〇をお使いの方（あなた）へ 型27：〇〇とお考えの方（あなた）へ 型28：〇〇のための 型29：〇〇（年齢）代の方へ
(6) 仮定	型30：もし〇〇だったら 型31：もし〇〇でこんなことが起こったらどうしますか？ 型32：たとえ〇〇でも 型33：想像してみてください。あなたが〇〇のところを 型34：もし〇〇なら◎◎できます
(7) 勧誘	型35：〇〇しませんか？ 型36：〇〇してみませんか？ 型37：〇〇しましょう 型38：〇〇はいかがですか？ 型39：〇〇したい人は他にいませんか？ 型40：さあ・いざ 型41：求む・〇〇を求む・募集・大募集・急募

(8) 情報提供	型42：新〇〇 型43：〇〇をご紹介 型44：発表！〇〇 型45：ついに・とうとう・いよいよ 型46：証言提示
(9) 対比	型47：〇〇な人、××な人 型48：できる人（会社）vsできない人（会社） 型49：泣く人、笑う人
(10) 販売条件提示	型50：〇〇無料 型51：〇〇プレゼント 型52：期間限定 型53：今だけ〇〇 型54：日付提示
(11) こそあど	型55：これ・どれ・どこ・この 型56：どうやって・こうやって
(12) ストーリー	型57：〇〇するとみんなが笑いました。 　　　　でも◎◎すると──
(13) 指示	型58：〇〇しないでください（するな） 型59：〇〇へのアドバイス 型60：〇〇は必要ありません
(14) 独自性・優位性	型61：第1位・No.1 型62：〇〇専門 型63：〇〇のパイオニア
(15) ユニーク	型64：お願いがあります 型65：〇〇することは 　　　　◎◎するためのカギであり 　　　　それができるのは××だけ 型66：オリジナリティあふれる秀逸な見出し

（出典：『コピーライティング技術大全』より）

　また、セールスレターやLPの場合は、インパクトを強めるために、2つまたは3つの見出しを組み合わせることがあります。そのため、セールスレターやLPの見出しのことをまとめて「**ヘッドライン**」と呼びます。

ここで、たくさんある型の中で、コピーライティング未経験者で
も、すぐに使えるヘッドラインのテンプレートをご紹介しましょう。

〇〇に悩む〇〇な人へ
（or 〇〇したい〇〇な人へ）
〇〇からのご提案

　いかがですか？　どこかで見たテンプレートだと思いませんか？
そうです。AMM サーチシートの Step10「最も価値を享受できる人
は？」を、そのまま当てはめればいいのです。そして、「〇〇からの」
の部分には、Step11「新たなキャリアイメージ」を入れます。先ほ
どの例の場合は、次の部分がヘッドラインにあたります。

人材配置・育成に悩む
中小企業の人事担当の方へ

中小企業向け専門の
キャリアコンサルタントからのご提案

（２）Problem（問題）

　では、本文に入ります。最初は PASBECONA の P、Problem（問
題）です。読み手が抱えている問題を提示して、「この話は自分に関
係するものだ」という関心を持ってもらいます。この Problem の部
分には、問題だけでなく、「こうなりたい」という理想を持ってくる
こともできます。

　同じことでも、問題側から捉えることもできますし、理想側から捉

えることもできます。例えば、「売上が頭打ちになっている」と言えば問題になりますが、「ビジネスを拡大したい」と捉えれば理想になります。この**問題と理想**では、**問題のほうが惹きつける力が強いこと**がわかっています。例えば、「節電対策をすると月間 2000 円得します」というより「節電対策をしないと月間 2000 円損します」というほうが惹きつける力は強いのです。何がなんでも、いつでも問題側から捉えなければならないというわけではないのですが、問題側から捉えるほうが、インパクトは強くなるという原則は頭に入れておいてください。

　この Problem の部分は、全体の文章の出だしでもあります。書き手にとって、出だしの部分はなかなか書きにくいものです。書き始めれば、勢いがついて、後は比較的スムーズに書けます。これは読み手にとっても同じです。あなたも思い当たることがあると思いますが、小説などでも、出だしがスッと読めると、後は比較的ラクに読めるはずです。逆に出だしに違和感があったり、読みにくい印象だったりすると、読むのをやめてしまう確率が上がってしまいます。

　そこで、この部分は、次の穴埋めテンプレートを参考にしていただくと書きやすいでしょう。

あなたは次のようなことを
感じることがありませんか？

もし、1つでも当てはまるものがあれば
このページでご紹介する方法は
きっとあなたのお役に立てるはずです。

☐ 具体的な内容1
☐ 具体的な内容2
☐ 具体的な内容3

　先ほどの例の場合は、次の部分が Problem にあたります。

> あなたは次のようなことを
> 感じることがありませんか？
>
> もし、1つでも当てはまるものがあれば
> このページでご紹介する方法は
> きっとあなたのお役に立てるはずです。
>
> ☐ 適材適所の人材配置をしたいが、1人ずつの面談に
> 　十分な時間がかけられない
>
> ☐ やりがいが感じられないという理由で、頻繁に退職者が出る
>
> ☐ 社員のモチベーションをもっと上げたい

（3）Affinity（親近）

　Problem の次は Affinity（親近）で、読み手に親近感を覚えてもらう部分です。なぜ、親近感が必要なのか？　**人は親しみを感じると、その人の言うことを受け入れる態勢が整うからです。**

　親近感を醸成するのに最適なのが、「**正当化**」です。これは、簡単に言うと、「**あなたが今その問題を抱えているのは、あなたのせいではなく、他に原因があるからだ**」ということを伝えるのです。ここも、書きやすいように穴埋めテンプレートを参考に書いてみてください。

> このようなことを感じるのは
> あなただけではありません。
> しかし、多くの方は

○○する機会（or 経験）がないので
○○する方法を知らなかっただけなのです。

　先ほどの例の場合は、次の部分が Affinity にあたります。

> このようなことを感じるのは
> あなただけではありません。
>
> しかし、多くの中小企業では
> 社員がキャリアについて
> じっくり相談する相手がいないので
> 社員が自分自身のキャリア形成について
> 理解を深める機会がなかっただけなのです。

　ここまで書ければ、後は比較的スムーズに書いていけます。

（4）Solution（解決）

　Affinity であなたの話に耳を傾ける準備ができたところで、Solution（解決）を提示します。次の穴埋めテンプレートを参考にしてください。

そこで、あなたにおススメしたいのが
○○（商品・サービス名）

　先ほどの例の場合は、次の部分が Solution にあたります。

> そこで、あなたにおススメしたいのが
> **中小企業専門のキャリアコンサルティング**
> # NLP キャリアコンサルティング

（5）Benefit（利得）

　そして、次は Benefit（利得）です。つまり、「それを購入すると、どんないいことがあるのか？」を列挙します。ここも AMM サーチシートの Step9「それは何がいいのか？」で考えた内容を持ってきます。

　穴埋めテンプレートは次の通りです。

この〇〇（商品・サービス）を使うと
- [ ] 　〇〇なので〇〇できます
- [ ] 　〇〇なので〇〇できます
- [ ] 　〇〇なので〇〇できます

　先ほどの例の場合は、次の部分が Benefit にあたります。

**NLP キャリアコンサルティングを
企業に導入すると**

- [ ] 脳と心の取り扱い説明書と呼ばれる NLP（神経言語プログラミング）を学んだキャリアコンサルタントが対応するので
社員の本音をスムーズに聞き出すことができるようになります。
- [ ] 社員全員の適性を的確に把握できるので
適材適所の人材配置ができ、会社全体の生産性が向上します。
- [ ] 社員のモチベーションが上がりやる気を引き出せるので
離職率を改善できます。

（6）Evidence（証拠）

　Benefit を提示したら、すぐに「そのベネフィットが得られることが本当だ」という Evidence（証拠）を示します。どんなにベネフィットがあっても、疑わしいと思われれば、購入には至りません。AMM サーチシートの Step4「あなたの実績」にあげたものが使えれ

ばベストです。また、既にビジネスをしている人の場合には、「顧客の声」が証拠として使えます。

　しかし、ゼロからビジネスを立ち上げたり、新しい商品・サービスを展開したりする場合は、顧客の声がないときもあります。その場合はどうしたらいいか？　方法は2つです。

①身近な人に無料もしくは安価で提供し、試してもらう。そして、感想をもらい、それを顧客の声として載せる。
②とりあえず、ブランクのままでいき、顧客の声が取れたところで入れる。

　望ましいのは①です。ここで顧客の声が取れないとしたら、「無料でもいらないと思われている」ことになりますので、なんらかの原因で、あなた自身が応援されていないことになります。そのため、いったん立ち止まって、その課題を解決しておく必要があります。

　時間的な問題などで、①のステップを踏めない場合は②でいくしかありませんが、この場合、成約までに時間がかかることを想定しておかなければなりません。時間がかかる上に、回り道なので、その間に①をトライするほうが、結果的には早く受注に結びつくこともしばしばです。

　ここは、穴埋めテンプレートにできませんが、導入部分は下記です。

**実際に〇〇を導入された方のご感想の
ほんの一部をご紹介しますと……**

先ほどの例の場合は、次が Evidence です。

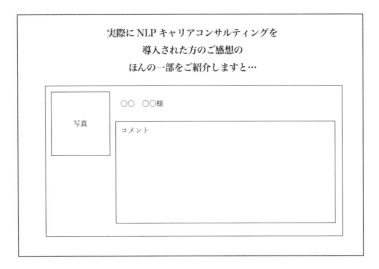

（7）Contents（内容）

　ここからいよいよ具体的な商品・サービスの内容を説明する部分に入ります。形のある商品の場合には、商品の機能や特徴、使い方などを入れます。講座やコンサルティングなど形のない商品・サービスの場合にはどんなことをするのか？　またどうやってやるのか？などを、わかりやすく詳細に説明します。そして、提供者（会社）のプロフィールを載せます。

　先ほどの例の場合は、次が Contents です。

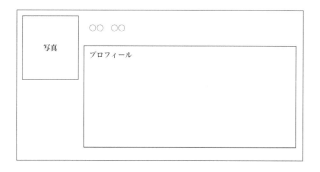

NLPキャリアコンサルティングの内容

● 対象者全員での全体コンサルティング
● 対象者全員へのオンライン個別コンサルティング（各60分）
● 個人別適性レポートを作成 etc

NLPキャリアコンサルティングの進め方

個別説明会をオンラインで実施
ご納得いただければ正式契約
↓
導入責任者の方と方向性を確認
↓
対象社員の方全員のスケジュール調整
↓
etc

チーフコンサルタント

○○ ○○

写真

プロフィール

（8）Offer（提案）

　次は、あなたが提供するものの販売条件を提示します。販売条件には、価格、特典、保証、締切などがあります。

　先ほどの例の場合、次の部分が Offer にあたります。

導入費用

社員1人あたり

66,000円（税込）

特典

個別コンサルティング完了後1ヶ月間
対象の社員から直接メール相談いただけます。

保証

ご契約後、初回の方向性確認のミーティングで
期待したものと違うとお感じになられましたら
理由をお尋ねすることなく全額返金致します。

締切

20XX年4〜9月実施分の受付は
2月28日（○）まで

（9）Narrow（適合）

　次は、あなたの価値観に合う条件を確認します。基本的にAMM
サーチシートのStep10で絞り込んでいる、「最も価値を享受できる
人は？」を見出し部分で「○○の方へ」として提示しますが、ここで
は、購入をうながす直前に、あなたの価値観に合うように、より具体
的に、またあらゆる角度から顧客を適合させています。

　テンプレートとしては、次の表現です。

こんな方にはおススメしません

☐

☐

- [ ]

いっぽう

こんな方にはおススメです
- [ ]
- [ ]
- [ ]

　わざわざおススメしない人をあげているのは、「あなたはこんな人ではありませんよね」ということを読み手に確認すると同時に、「こういうことがしたいですよね」と効果の確認をするためです。

　先ほどの例では、次の部分が Narrow にあたります。

こんな方にはおススメしません

- [ ] 社員との個別コンサルティングだけを実施し
  その後の社員へのフォローをするつもりのない方
- [ ] 外部のコンサルタントに社内のことは、
  わかるはずがないと思い込まれている方
- [ ] そもそも社員がやりがいを持ってイキイキと
  働くことを望まれていない方

いっぽう
こんな方にはおススメです

- [ ] 社員一人一人がそれぞれの特性に応じた職場で
  能力を発揮してほしいとお考えの方
- [ ] 組織の風通しを良くして、活気のある職場を
  つくりたいとお考えの方
- [ ] 会社全体の生産性を高め
  残業の少ない会社にしたいとお考えの方

(10) Action（行動）

　そして、最後に、あなたが読み手にしてほしい行動を呼びかけま

す。これをコピーライティングでは **CTA**（Call To Action）と言います。ここがメッセージモデルの最後の部分です。ここで、あなたが読み手に何をしてほしいのかを、はっきりとした言葉で呼びかけるのです。一般的なビジネス文書では「よろしくお願いします」というような、曖昧な表現がよく使われますが、コピーライティングでは「申し込んでください」「登録してください」などと、はっきりと呼びかけるのです。

　先ほどの例の場合は、次の部分が Action にあたります。

　LP の場合には、最後の部分は、実際の入力や決済ができる画面に誘導する申し込みのリンクをつけます。

　以上が、士業や各種コンサルタントなどのように、自分自身を商品として売る場合の PASBECONA を使ったメッセージモデルの、一連の流れです。なお LP だけでなく、営業資料のスライドを構成する場合も、この PASBECONA の流れを応用することができます。

PASBECONAの法則で
アイデアをプレゼンする

■ 企画・提案の場合

　先ほどは、自分自身がほぼそのまま商品・サービスであるケース
で、いわば「自分自身を売る」場合の「PASBECONA」の使い方を
ご紹介しました。今度は、広い意味では自分を売ることになります
が、社内、社外問わず、あなたの考えやアイデアを、企画書や提案書
の形でプレゼンテーションするケースでの PASBECONA の使い方を
ご紹介します。

　PASBECONA のそれぞれの要素は、先ほどの、自分自身が商品・
サービスであるケースとまったく同じです。微妙に違うのは、具体的
に対象となるものが、「あなたのスキル・技術、知識」そのものでは
なく、「あなたの考えやアイデア」なので、よりわかりやすいように、
PASBECONA のそれぞれの要素の定義の表現を少し調整していま
す。

　加えて、実際に金銭のやり取りをともなう「販売」とは異なるの
で、販売価格を含めた販売条件を提示する「オファー」の部分が変
わってきます。そのため、141ページのテンプレートをそのまま使う
わけではなく、文章や話の流れとして、PASBECONAを使うことに
なります。

PASBECONAの基本構造（企画・提案）

Problem	問題	何が問題なのか？（その問題は、どのような悪影響を与えているのか？）
Affinity	親近	このままその問題を放置すると、どんな悪影響があるのか？（時間のロス、金銭的マイナス、信用毀損など）
Solution	解決	問題の解決策を提案
Benefit	利得	あなたのアイデアにはどのようないいことがあるのか？（顧客などの対象者と会社の両方に）
Evidence	証拠	それが機能する証拠を示す
Contents	内容	詳しい提案内容を提示する
Offer	提案	アイデアを実行するために必要な条件を提示し、費用対効果に優れていることを示す
Narrow	適合	意図した目的を明確に適合させる
Action	行動	具体的な行動を呼びかける

これらを踏まえた例文は、次の通りです。

〈Problem〉問題

　当社はここ1年半で一気に事業を拡大し、顧客数も従来の15倍に増え、今後もさらに増えていくことが予想される。顧客数の大幅増加により、カスタマーサポートの対応だけでなく、営業部門や管理部門でも、顧客データの管理・分析が追いつかなくなってきている。これに伴い社員の残業時間も従来より増え、1日あたり1人平均2.5時間となっている。

〈Affinity〉親近

　この状態を続けると、顧客対応が後手になったり、販売の機会損失になったりという重大な問題を引き起こす。さらには、人手

不足から新規採用で人員を増やせば、大幅なコストアップは避けられない。

〈Solution〉解決

そこで、マーケティングオートメーション（MA）を導入する方法がある。

〈Benefit〉利得

MA を導入すれば、販売プロセスの一連のフローを自動化でき、省力化による残業削減につながるだけでなく、顧客の購入状況を見える化できるので、積極的な拡販活動につなげられる。

〈Evidence〉証拠

中小企業でも MA を導入する会社は多く、A 社のデータによれば、中小企業の○社に 1 社は既に導入済みで、成果を上げている。例えば、自動化により、顧客対応の事務工数が○％削減できた事例がある。

〈Contents〉内容

MA を提供する会社は複数社あるが、私は次のメリット・デメリットの比較、および当社の現行システムからの移行を考慮すると、当社には A 社が最も相応しいと判断する。

A 社：（省略）

B 社：（省略）

C 社：（省略）

〈Offer〉提案

導入費用は○○万円。現在の平均残業時間 2.5 時間を 1.5 時間

削減できれば、それだけでも、1年間で十分回収できるレベル。それに加えて、拡販効果も期待できる。

〈Narrow〉適合

DX化が叫ばれる中、当社の競争力強化のためには、ぜひともMAの導入が必要。

〈Action〉行動

MA導入にあたってのリーダーシップは私が取るので、ぜひA社のMA導入をご承認いただきたい。

実際のプレゼンでは、パワーポイントなどのスライドを使いますが、このようにPASBECONAの流れに沿って、企画書・提案書を作ることで、要旨が明確になり、あなたのアイデアを認めてもらいやすくなるのです。

6

自己PR文を書く

ここでは、同じ会社の別の部署で活躍したい場合や、転職を志向する場合の「自己PR」にPASBECONAの法則を使う方法をご紹介します。

実は、社内での異動や転職の場合は、これまでご紹介した2つのケース以上に、売る対象が「あなたという人間そのもの」になります。

142ページでご紹介したのは、あなた自身が商品・サービスの重要な一部になっていて、それを売るケースでした。そして、163ページでご紹介したのは、あなたの「アイデアを売る」ケースでした。ここでは、「買ってもらう」部分が、「採用してもらう」ということになります。

自己PRで、「自分はこんなことができます」「あんなことができます」というPRは、実は相手にあまり響きません。ちなみにコピーライティングでは、**自分中心の書き方のことを「Meメッセージ」と言います。一方、読み手の目線、相手目線に立った書き方のことを「Youメッセージ」**と言います。自己PR文でも、Youメッセージ＝相手目線の書き方が、人を動かす重要なポイントになります。ですから、人を動かす原理原則のPASBECONAの法則が適用できます。自己PR文での基本構造は、次の通りです。

PASBECONAの基本構造（自己PR）

Problem	問題	先方が抱えている課題や問題を確認
Affinity	親近	その問題に適切に対処できないと起こり得る問題を提示
Solution	解決	自分がその対処に適任であることを宣言
Benefit	利得	自分が対処すると、どのようにうまくいくのかを提示
Evidence	証拠	それが機能する証拠を提示
Contents	内容	転職の場合は経歴、社内異動の場合は職歴を提示
Offer	提案	どのような戦略で対処するかの概要を提案
Narrow	適合	意図した目的を明確に適合させる
Action	行動	採用を呼びかける

これらを踏まえた例文は、次の通りです。

〈Problem〉問題

今貴社（貴部門）では、営業のDX化推進を検討されていると伺いました。

DX化の推進にはシステムと営業現場の両方に通じており、なおかつプロジェクトを推進できるリーダーシップも必要です。

〈Affinity〉親近

このシステムと営業現場のバランス感がどちらかに偏ってしまうと、DX化はうまくいきません。システムを優先しすぎると、営業現場の実態とかけ離れてしまい、結果使えないものになってしまいます。一方、営業現場を優先しすぎると、現状の業務フローを優先するあまり、本来効率化すべき無駄な業務までシステ

ム化し、結果として、思ったほどの効果が得られないという事態
になります。

〈Solution〉解決

　私なら、このバランスをうまく取るだけでなく、次のような結
果をもたらすことができます。

〈Benefit〉利得
①営業現場の今の実態を把握した上で、まず理想的な業務フロー
　を構築するので、本来目指すべき業務フローを実現でき、DX
　投資の効果を最大化できます。
②すべてのシステムを新規に開発するのではなく、既存のパッ
　ケージシステムを組み合わせるので、開発工期を短縮し、ス
　ピーディに DX 化を実現することができます。
③あるべき業務フローを追求しすぎることなく、効果は担保しな
　がら、妥協できる点を見つけ出すので、開発費が膨らみ予算
　オーバーになる事態を避けられます。

〈Evidence〉証拠

　なぜ、これらのことが実現できるかというと、私には次のよう
な実績があるからです。
①入社後 5 年間、○○の営業として、現場で顧客と接した経験が
　あるので、商品・サービスが違っても、営業現場のことを想像
　し、理解することができます。
②その後、社内の生産管理システムの開発、保守を担当し、生産
　現場の実態をヒアリングして、システム開発に活かすことを
　行っていました。中でもプロジェクトリーダーとして新しい生
　産ラインのシステム開発を 10 ヶ月で、スムーズに立ち上げた

実績があります。

〈Contents〉内容

経歴（転職の場合）

19XX 年 X 月 X 日生まれ　東京都出身

XX 大学 XX 学部　卒業

20XX 年株式会社 XXXX 入社　XXX を担当

〈Offer〉提案

　私なら次の手順で営業の DX 化を進めます。

1）現状の営業実務の洗い出し

2）理想的な営業実務を議論し、あるべき姿を構築

3）2）でシステム化の難度が高い部分の対応要否見極め

4）遅れが出ないよう開発工期を慎重に見極め

〈Narrow〉適合

　DX 化の効果を最大限発揮するとともに、「使えないシステム」を回避するために、営業とシステムの調整ができるリーダーシップを持った人材が適任です。

〈Action〉行動

　ぜひ私に担当させてください。

Benefit（利得）と Evidence（証拠）を逆にして、先にうまくいく根拠を示してから、Benefit で総括する形にもできます。また、証拠や根拠を示すことができない場合は、意気込みを入れるといいでしょう。

7

強みを活かした
ウェルビーイングの実現に向けて

　さあ、これで、あなたの強みをお金に変えるプロセスと、それを伝えるメッセージの作り方までの一連のプロセスはすべて完了です。あなたも、これまでに強みについては考えたことがあったと思いますが、「強みを売れるようにする」という観点で掘り下げて考えたのは初めてだったのではないでしょうか?

　自分自身の強みを認識することは、実はそう簡単ではありません。なぜなら、自分のことは自分ではなかなかわかりづらいからです。今回進めてきたAMMサーチシートは「何を、どのように考えていけばいいのか」ということをフレームワークとして完成させたものです。このフレームワークによって、自分では認識しづらい自分自身のことを、客観的に掘り下げることができます。

　最初のほうの38ページで、AMMサーチシートでは次のようなことができると解説しました。

①あなたが認識している強みを、お金に変えられるように再定義できる
②あなた自身は気づいていないけれど、あなたが既に持っている強みを発見し、それをお金に変えられるように構築できる
③あなたが持っている強みをお金に変えるために、今後磨くべき領域がわかる

あなたは、強みをお金に変える方向性を見出せたでしょうか？　あるいは、お金に変わる強みはこれだというものが見つかったでしょうか？　もしかすると、最高の仕事を実現するためには、もう少しスキル・技術、知識に磨きをかけなければならないことがわかったかもしれません。いずれの方向性にせよ、今のあなたが持っている能力について認識するいい機会になったのではないかと思います。これをきっかけに、あなたが、自信を取り戻し、あなたならではの能力を活かし、精神的にも経済的にも、楽しく充実した人生をおくるきっかけになれば、私たち著者として望外の喜びです。

　さらに、本書冒頭で、売り方を知っていれば、「先行き不透明な時代」や「変化の激しい時代」という枕詞を並べて先行きを憂うことなく、自信を持って生きていけるということを述べました。AMM サーチシートの一連のプロセスで、どんな時代でも、たくましく、楽しく生きていく自信が持てたのではないでしょうか？　そして、イキイキと活躍するあなたに、どこかでお会いできるのを私たちは楽しみにしています。

衣田順一

感謝と豊かさを生み出す
My Pleasure

■ 商品・サービスも、自分自身も同じ原理原則で売れる

　本書執筆のきっかけは、SBクリエイティブの吉尾太一編集長と山田涼子さんからの企画でした。当初は、売れる文章の書き方という、コピーライティング直球のコンセプトでしたが、それに関しては『コピーライティング技術大全』（神田昌典・衣田順一著、ダイヤモンド社）ですべて公開しており、改めてまとめ直すことは難しいと判断しました。

　その後、しばらくして、代替案として提示されたのが、本書の原形となった「PMMで個人の強みを発見し、キャリア戦略を構築できないか？」というアイデアでした。本文でも触れましたが、コピーライティングの講座で、商品・サービスを売ることを考えるプロセスを通じて、自分自身が本当にやりたかったことや、強みを発見するケースが非常に多く、商品・サービスを売るのも、自分自身を売るのもまったく同じだと考えていたので、ドンピシャのテーマでした。

　PMMは商品・サービスを売るためのコンセプトメイクの手法ですが、実は会社や個人にも応用することはやっていました。そこで蓄積したノウハウを、本書を通してまとめ直すことができたのは、本当に意義深いものでした。とりわけコピーライティングを、商品・サービ

スを売るための技術というフレームから解放し、その素晴らしさを広く世間に知ってもらうには、これ以上ないアプローチだと思います。

■コピーライティングは「人生のワイルドカード」

本書では、コピーライティング技術の詳細は語りませんでしたが、これをきっかけに、コピーライティングの可能性と、その応用範囲の広さを感じていただければ大変嬉しく思います。また、あなた自身が扱う商品・サービスの売上をもっと伸ばすために、もう少し深くコピーライティングを学んでいただくと、あなたの人生をさらに豊かにすることができるでしょう。

私は、コピーライティングは「人生のワイルドカード」だと言っています。あなたが既に持っている強みというカードに、1枚加えることで、その強みを何倍にもパワーアップさせることができるという意味です。

私がコピーライターになったきっかけは、子供の障害でした。その障害のため、私の子供および私たち家族は、公的機関によるさまざまな福祉サービスの恩恵を受けています。これらの福祉サービスは、言うまでもなく、税金で成り立っています。だから、税金による支えがないと、私や家族だけでなく、世の中で少し弱い立場にある人々を、社会として支えることができなくなってしまいます。

税金を納めて、なお豊かであるためには、1人でも多くの人が、しっかりと稼ぎ、豊かになる必要があります。そのために、コピーライティングは非常に有効です。コピーライティングは、テキトーな言葉であおって、だまして、良さそうに思わせて、買わせるものではあ

りません。商品・サービスはもちろん個人の能力も含め、対象となる
ものの真の価値を掘り下げ、それを必要とする人に届ける技術であ
り、考え方なのです。

■AI本格化時代に発揮されるあなたの存在意義

そして、AMMでは「My Pleasure」という考え方をベースにしま
した。あなたが価値を提供することが、感謝を生み出し、その行為そ
のものがあなたの喜びである——そんな仕事であなたが活躍すること
で、社会全体が豊かになっていけばいいなと思っています。

あなたが真に望む仕事で、あなたにしかできない価値を提供し、そ
れを必要とし、評価し、喜んでくれる人に届けることで、日々の充実
感と経済的な豊かさの両立ができ、ウェルビーイングな状態が実現で
きるはずです。

もちろん、本書を読んだからといって、すぐにウェルビーイングな
状態が目の前に現れるわけではありませんが、あなたの人生の大きな
変化のきっかけになることは間違いないと信じています。

本書の出版にあたり、SBクリエイティブ学芸書籍編集部編集長の
吉尾太一さんと山田涼子さんには、企画の初期段階から、構成検討、
校正の各段階で、多大なる、かつ的確な助言をいただきました。その
おかげで、納得のいく、役に立つ書籍に仕上げることができました。
また、装丁については、小口翔平さん、阿部早紀子さん、本文のデザ
インでは松好那名さん、イラストでは小林周平さんにお世話になりま
した。そして、共著者の神田昌典さんには、AMMのメソッド開発、
執筆を、アイデアを出しながら共に進めていただきました。改めてこ

の場をお借りして、心より御礼申し上げます。

　AIの進歩には目を見張るものがあります。しかしAIがいくら進歩しても、あなたが今ある強みをはっきりと認識できていれば、人間としての存在感と存在意義が発揮できると思います。AMMサーチシートで、あなた独自の強みに磨きがかかり、それを必要とする人に届けられ、あなたとあなたの能力で助かる人の双方が満足できることを楽しみにしています。

参考文献

『売れるコピーライティング単語帖』(神田昌典・衣田順一著、SB クリエイティブ)

『コピーライティング技術大全』(神田昌典・衣田順一著、ダイヤモンド社)

『ザ・コピーライティング』(ジョン・ケープルズ著、神田昌典監訳、齋藤慎子・依田卓巳訳、ダイヤモンド社)

『非常識な成功法則』(神田昌典著、フォレスト出版)

『禁断のセールスコピーライティング』(神田昌典著、フォレスト出版)

『インパクトカンパニー』(神田昌典著、PHP 研究所)

『ストーリーとしての競争戦略』(楠木建著、東洋経済新報社)

出版記念特典

本書の巻末付録である「AMMサーチシート」の
記入用とステップガイド付きの２種類のシートを
下記よりダウンロードいただけます。

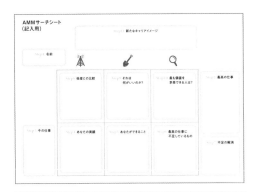

ダウンロードはこちら

https://almacreation.co.jp/amm/download/lp/shinkan

※今回の「出版記念特典」は予告なく終了することがあります。

著者略歴

神田昌典 (かんだ・まさのり)

経営・マーケティングコンサルタント、作家
アルマ・クリエイション株式会社 代表取締役
NPO法人学修デザイナー協会 理事
ペンシルバニア大学ウォートンスクール経営学修士

日本発創造的課題解決法「フューチャーマッピング」の開発者であり、世界最大級の読書会「リードフォーアクション」創設者。
読書会という、誰にとっても身近で気軽な取り組みを通して、事業課題の解決や、組織課題の変革、まちづくりまで行う。
「大阪・関西万博2025」では、共創パートナーとして登録し、探究学習の普及を推進している。
総合ビジネス誌で「日本のトップマーケッター」に選出され、2018年には、国際的マーケティング賞として著名な「ECHO賞」の国際審査員に抜擢される。
主な著書に『未来実現マーケティング──人生と社会の変革を加速する35の技術』(PHPビジネス新書)、『コピーライティング技術大全』(ダイヤモンド社)、『非常識な成功法則』(フォレスト出版) など、約100冊の著作を持つベストセラー作家である。

衣田順一 (きぬた・じゅんいち)

マーケティング・コピーライター
アルマ・クリエイション株式会社 ディレクター
株式会社コアリヴィール 代表取締役社長

鉄鋼メーカーの住友金属工業株式会社 (現・日本製鉄) にて、営業室長・企画部上席主幹 (部長級職位) として組織をリード。脳性麻痺の子供への対応から時間と場所の自由がきくセールスコピーライターという仕事に出会う。クライアントと買った人両方に喜んでもらえる点に惹かれ、また、営業・企画の仕事との共通点も多く、これまでの経験と強みが活かせると考え退職・独立。
再現性のあるコピーライティングを目指し、LP (ランディングページ) の訴求力を客観的に評価できる特許技術を発明。
神田昌典と共著で『コピーライティング技術大全』(ダイヤモンド社)、『売れるコピーライティング単語帖』(SBクリエイティブ) を上梓。
これまで870人以上、のべ3700回以上のコピーのフィードバックを実施。改善ポイントを的確に見抜くことに定評がある。
コピーライティングの適用範囲を広げ、多くの人が活用できることを目指している。

あなたの強みを高く売る

自分の強みをお金に変えるAMMサーチシート

2023年9月26日　初版第1刷発行

著　　　者	神田昌典　衣田順一	
発 行 者	小川 淳	
発 行 所	SBクリエイティブ株式会社	
	〒106-0032　東京都港区六本木2-4-5	
	電話：03-5549-1201（営業部）	
本文デザイン・DTP	松好那名（matt's work）	
イラスト	小林周平	
編集担当	吉尾太一・山田涼子	
印刷・製本	中央精版印刷株式会社	

本書をお読みになったご意見・ご感想を
下記URL、またはQRコードよりお寄せください。

https://isbn2.sbcr.jp/19053/

パラパラめくって言葉を拾うだけで
心をつかむ文章が誰でも書ける
「売れる言葉の単語帳」

売れるコピーライティング単語帖

神田昌典、衣田順一 [著]

定価1,958円（本体価格1,780円+10%）

伝説の名著と名高い『ザ・コピーライティング』をはじめ、
売上累計400万部に及ぶ数々のビジネス書を手掛けてきた著者の集大成。
書く人・売る人が手元におけば、言葉のアイデアが溢れて止まらなくなる
——ずっと使えるバイブルです。

SB Creative

日本人の働き方を革命的に書き換える
「稼ぎ方2.0」とは何か?

稼ぎ方2.0

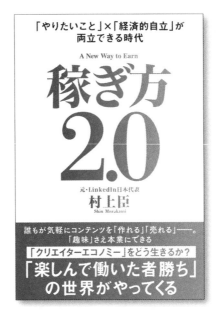

村上 臣 [著]

定価1,760円（本体価格1,600円+10%）

クリエイターエコノミーは必ず日本にもやってくる。
いや、すでに到来し始めている――。
会社員も、会社員ではない人も、
これからを生きる全てのビジネスパーソンの必携の書となるだろう。

SB Creative